쓰면서 익히는
테마별
초등영단어

쓰면서 익히는 테마별 초등영단어

2013년 10월 15일 초판 인쇄
2013년 10월 20일 초판 발행

엮은이 Enjc스터디
발행인 손건

마케팅 이언영
디자인 김선옥
제작 최승용
인쇄 선경프린테크

발행처 **LanCom** 랭컴
주소 서울시 영등포구 영등포동 6가 68-4
재훈빌딩 2층
등록번호 제 312-2006-00060호
전화 02) 2636-0895
팩스 02) 2636-0896
홈페이지 www.lancom.co.kr

ISBN 978-89-98469-19-1 63740

영어로 말하기 글쓰기 실력을 쑥쑥 키워주는 그림으로 익히는 초등필수 영단어

쓰면서 익히는 테마별 초등 영단어

Enjc 스터디 엮음

LanCom
Language & Communication

차 례

Part 1 하루에 일어나는 일

Part 2 1년에 일어나는 일

Part 3 우리 주변

Part 4 동작과 상태

발음 기호

단어를 읽기 위해서는 일정한 발음 규칙이 필요한데, 이것을 기호로 나타낸 것이 발음 기호입니다. 발음기호는 괄호[ ] 안에 표기를 하며 이러한 발음 기호가 어떤 소리를 내는지 알면 영어를 자유롭게 읽을 수 있습니다.

자음 Consonant

자음이란 발음을 할 때 공기가 혀나 입, 입술, 입천장 등에 부딪히며 나는 소리입니다. 자음은 [k], [p], [t]와 같이 성대가 울리지 않는 무성음과 [b], [d], [g]와 같이 성대가 울리는 유성음으로 구성되어 있습니다.

[p] pig [pig] 돼지

[t] tie [tai] 넥타이

[k] king [kiŋ] 왕

[f] face [feis] 얼굴

[ð] brother [brʌ́ðə*r*] 형제

[s] sun [sʌn] 해

[ʃ] shark [ʃɑː*r*k] 상어

[tʃ] chocolate [tʃɔ́ːkəlit] 초콜릿

[l] lion [láiən] 사자

[n] nose [nouz] 코

[h] hair [hɛə*r*] 머리카락

[b] book [buk] 책

[d] dream [driːm] 꿈

[g] girl [gəː*r*l] 소녀

[v] violin [vàiəlín] 바이올린

[θ] three [θriː] 셋

[z] zoo [zuː] 동물원

[ʒ] television [téləvìʒən] 텔레비전

[dʒ] jean [dʒiːn] 청바지

[r] rose [rouz] 장미

[m] mail [meil] 편지

[ŋ] song [sɔ(ː)ŋ] 노래

[j] yes [jes] 네

[w] wood [wud] 나무

모음 Vowel

모음이란 발음을 할 때 공기가 혀나 입, 입술, 입천장 등에 부딪히지 않고 공기가 목과 입 안의 울림으로 나는 소리입니다. 모든 모음은 성대가 울리는 유성음으로 구성되어 있습니다.

[iː] teacher [tíːtʃəːr] 선생님

[i] milk [milk] 우유

[e] desk [desk] 책상

[æ] cat [kæt] 고양이

[ɔː] dog [dɔ(ː)g] 개

[ou] boat [bout] 보트

[u] cook [kuk] 요리사

[uː] movie [múːvi] 영화

[ʌ] cup [kʌp] 컵

[ɔ] boy [bɔi] 소년

[au] house [haus] 집

[ai] pilot [páilət] 조종사

[a] box [baks] 상자

[ɔːr] morning [mɔ́ːrniŋ] 아침

[uər] poor [puər] 가난한

[iər] ear [iər] 귀

[ɑːr] bar [bɑːr] 막대기

[ə] gorilla [gəríla] 고릴라

[ei] baker [béikər] 제과업자

[εər] air [εər] 공기

[əːr] bird [bəːrd] 새

Part 1

하루에 일어나는 일

Unit 01

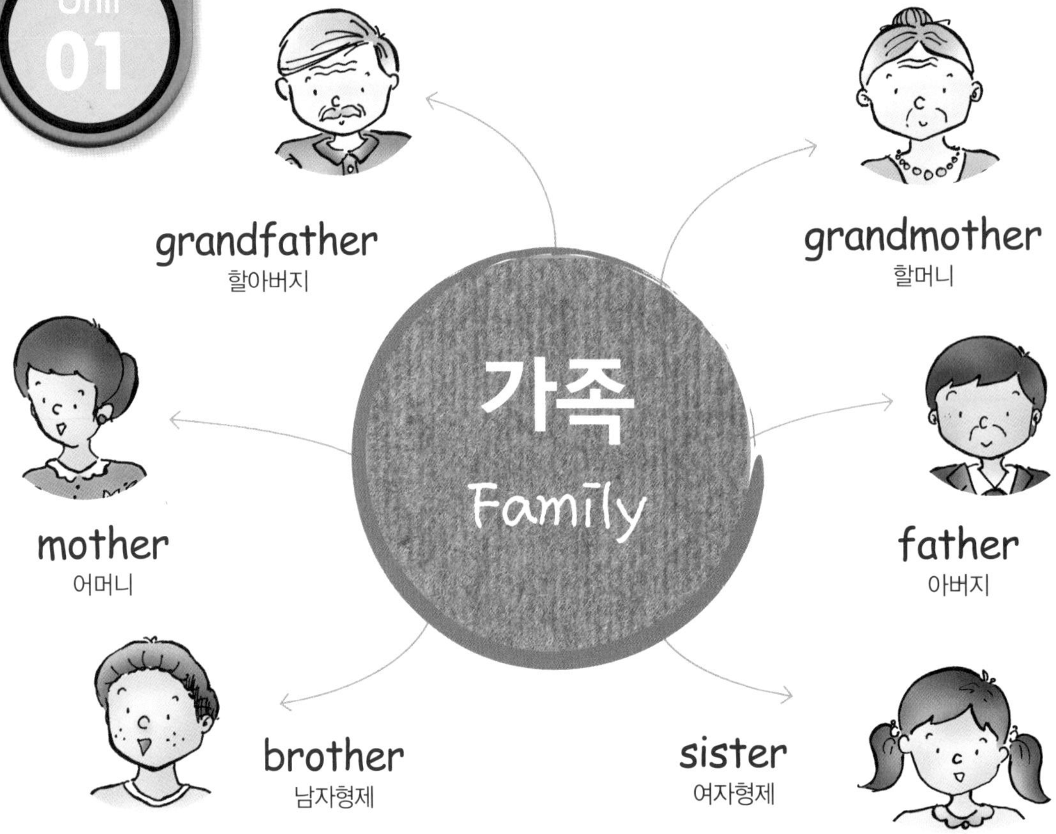

grandfather
할아버지

grandmother
할머니

가족
Family

mother
어머니

father
아버지

brother
남자형제

sister
여자형제

단어를 큰 소리로 읽으면서 줄에 맞추어 바르게 써 보세요.

① family

[fǽməli]

family

② grandfather

[grǽn*d*fɑ̀:ðə*r*]

grandfather

①가족　②할아버지

③ grandmother

[grǽndmʌ̀ðər]

grandmother

④ father

[fɑ́:ðər]

father

⑤ mother

[mʌ́ðə:r]

mother

⑥ brother

[brʌ́ðər]

brother

⑦ sister

[sístə:r]

sister

⑧ husband

[hʌ́zbənd]

husband

③ 할머니 ④ 아버지 ⑤ 어머니 ⑥ 남자형제 ⑦ 여자형제 ⑧ 남편

⑨ **wife**

[waif]

wife

⑩ **baby**

[béibi]

baby

⑪ **child**

[tʃaild]

child

문장을 읽고 단어를 따라 써 보세요.

아버지는 저 자동차 공장에서 일하십니다.

My father works in that car factory.

그녀는 할머니께 절을 하였다.

She gave grandmother a bow.

형제가 몇이나 됩니까?

How many brothers do you have?

⑨ 부인 ⑩ 아기 ⑪ 어린이

living room
거실

lavatory
화장실

dining room
식당

단어를 큰 소리로 읽으면서 줄에 맞추어 바르게 써 보세요.

① house

[haus]

② bathroom

[bǽθrú(:)m]

①집 ②욕실

③ lavatory

[lǽvətɔ̀ːri]

④ kitchen

[kítʃin]

⑤ dining room

[dáiniŋ ruːm]

⑥ wall

[wɔːl]

⑦ second floor

[sékənd flɔːr]

⑧ living room

[líviŋ ruːm]

③화장실 ④주방 ⑤식당 ⑥벽 ⑦2층 ⑧거실

⑨ **stairs**

[stɛəːrz]

stairs

⑩ **first floor**

[fəːrst flɔːr]

first floor

문장을 읽고 단어를 따라 써 보세요.

그는 욕실에 있습니다.

He is in the bathroom.

거실에 사진이 있습니다.

There is a picture in the living room.

식당은 어디에 있습니까?

Where is the dining room?

⑨ 계단 ⑩ 1층

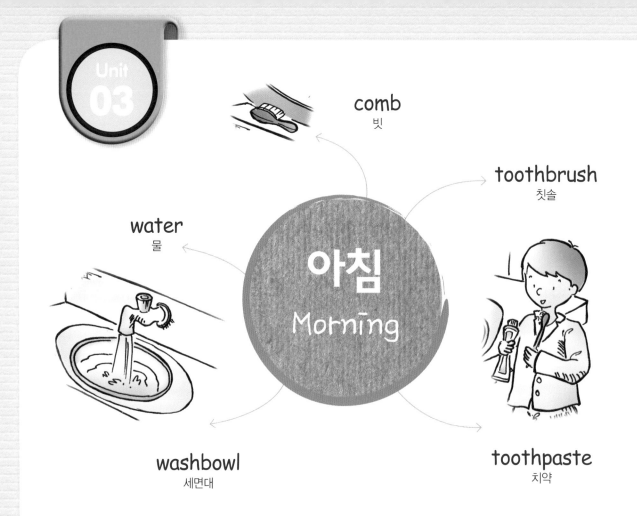

Unit 03

아침 Morning

comb
빗

toothbrush
칫솔

water
물

washbowl
세면대

toothpaste
치약

단어를 큰 소리로 읽으면서 줄에 맞추어 바르게 써 보세요.

① mirror
[mírər]

② comb
[koum]

①거울 ②빗

③ razor

[réizəːr]

razor

④ water

[wɔ́ːtəːr]

water

⑤ washbowl

[wáʃbòul]

washbowl

⑥ toothbrush

[túːθbrʌ̀ʃ]

toothbrush

⑦ toothpaste

[túːθpèist]

toothpaste

⑧ towel

[táuəl]

towel

③ 면도기 ④ 물 ⑤ 세면기 ⑥ 칫솔 ⑦ 치약 ⑧ 수건

⑨ **waterworks**

[wɔ́:tə:rwə̀:rks]

waterworks

⑩ **hot water**

[hɑt wɔ́:tə:r]

hot water

⑪ **bathtub**

[bǽθtʌ̀b]

bathtub

⑫ **soap**

[soup]

soap

문장을 읽고 단어를 따라 써 보세요.

할아버지는 욕조에 있습니다.

Grandfather is in the bathtub.

누나가 거울을 보고 있습니다.

My sister is looking in the mirror.

⑨수도꼭지 ⑩온수 ⑪욕조 ⑫비누

glasses
안경

pajamas
잠옷

외출
Going Out

shoes
신발

bag
가방

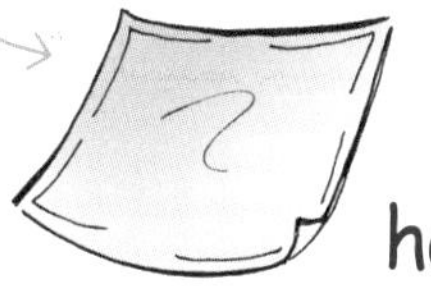

handkerchief
손수건

단어를 큰 소리로 읽으면서 줄에 맞추어 바르게 써 보세요.

① pajamas
[pədʒɑ́ːməz]

② trousers
[tráuzəːrz]

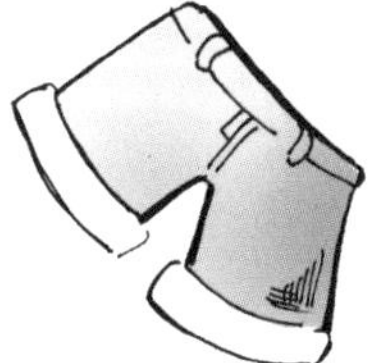

①잠옷 ②바지

③ shirt

[ʃəːrt]

shirt

④ sweater

[swétər]

sweater

⑤ cap

[kæp]

cap

⑥ blouse

[blaus]

blouse

⑦ skirt

[skəːrt]

skirt

⑧ watch

[watʃ]

watch

③ 셔츠 ④ 스웨터 ⑤ 모자 ⑥ 블라우스 ⑦ 스커트 ⑧ 손목시계

⑨ glove

[glʌv]

glove

⑩ stockings

[stákiŋz]

stockings

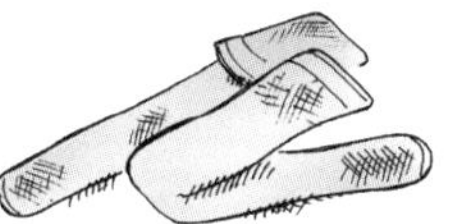

⑪ glasses

[glæsiz]

glasses

⑫ socks

[saks]

socks

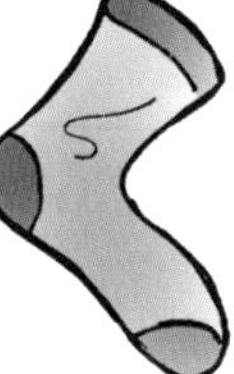

⑬ necktie

[néktài]

necktie

⑭ shoes

[ʃu:z]

shoes

⑨ 장갑 ⑩ 스타킹 ⑪ 안경 ⑫ 양말 ⑬ 넥타이 ⑭ 신발

⑮ mitten

[mítn]

mitten

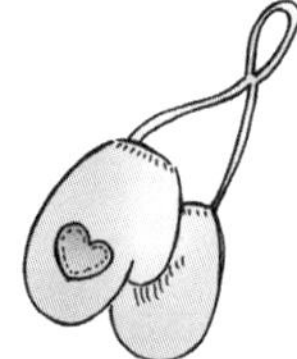

⑯ handkerchief

[hǽŋkərtʃif]

handkerchief

⑰ hat

[hæt]

hat

⑱ bag

[bæg]

bag

문장을 읽고 단어를 따라 써 보세요.

어머니는 나에게 새 신발을 사 주셨습니다.

Mother bought me new shoes.

그녀는 스커트를 입고 있습니다.

She wears a skirt.

⑮ 벙어리장갑 ⑯ 손수건 ⑰ (테가 있는) 모자 ⑱ 가방

식사 Meal

bread
빵

fork
포크

knife
나이프

butter
버터

salad
샐러드

cup
컵

단어를 큰 소리로 읽으면서 줄에 맞추어 바르게 써 보세요.

① bread

[bred]

bread

② fork

[fɔːrk]

fork

①빵 ②포크

③ knife

[naif]

knife

④ butter

[bʌ́tər]

butter

⑤ spoon

[spuːn]

spoon

⑥ cup

[kʌp]

cup

⑦ saucer

[sɔ́ːsəːr]

saucer

⑧ milk

[milk]

milk

③ 나이프 ④ 버터 ⑤ 스푼 ⑥ 컵 ⑦ 받침 접시 ⑧ 우유

⑨ glass

[glæs]

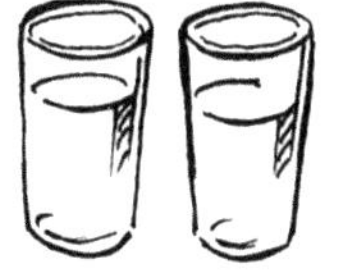

⑩ salad

[sǽləd]

⑪ egg

[eg]

문장을 읽고 단어를 따라 써 보세요.

그는 아침 식사로 빵을 먹습니다.

He eats bread for breakfast.

우리들은 나이프와 포크로 먹습니다.

We eat with knife and fork.

컵을 테이블 위에 놓아라.

Put the cup on the table.

⑨ 유리잔 ⑩ 샐러드 ⑪ 달걀

Unit 06

부엌 Kitchen

kettle
주전자

cupboard
찬장

refrigerator
냉장고

sink
싱크대

dish
접시

단어를 큰 소리로 읽으면서 줄에 맞추어 바르게 써 보세요.

① sink

[siŋk]

sink

② napkin

[nǽpkin]

napkin

①싱크대 ②냅킨

③ kettle

[kétl]

④ oven

[ʌ́vən]

⑤ refrigerator

[rifrídʒərèitəːr]

⑥ cupboard

[kʌ́bərd]

⑦ plate

[pleit]

⑧ dish

[diʃ]

③ 주전자 ④ 오븐 ⑤ 냉장고 ⑥ 찬장 ⑦ (속이 얕은) 접시 ⑧ (속이 깊은) 접시

Unit 07

요리 Cooking

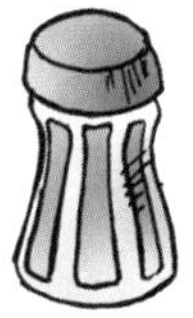

sugar
설탕

soy
간장

chopsticks
젓가락

rice
밥

salt
소금

frying pan
프라이팬

단어를 큰 소리로 읽으면서 줄에 맞추어 바르게 써 보세요.

① oil

[ɔil]

oil

② frying pan

[fraiiŋ pæn]

frying pan

①오일 ②프라이팬

③ salt

[sɔːlt]

salt

④ sugar

[ʃúgər]

sugar

⑤ soy

[sɔi]

soy

⑥ breakfast

[brékfəst]

breakfast

⑦ lunch

[lʌntʃ]

lunch

⑧ supper

[sʌ́pər]

supper

③ 소금 ④ 설탕 ⑤ 간장 ⑥ 아침식사 ⑦ 점심식사 ⑧ 저녁식사

⑨ chopsticks

[tʃápstìks]

chopsticks

⑩ rice

[rais]

rice

문장을 읽고 단어를 따라 써 보세요.

어머니는 식용유에 생선을 튀기신다.

Mother fries fish in cooking oil.

언제 아침을 먹습니까?

When do you have breakfast?

나는 오늘 점심을 안 먹었습니다.

I did not eat lunch today.

⑨ 젓가락 ⑩ 밥

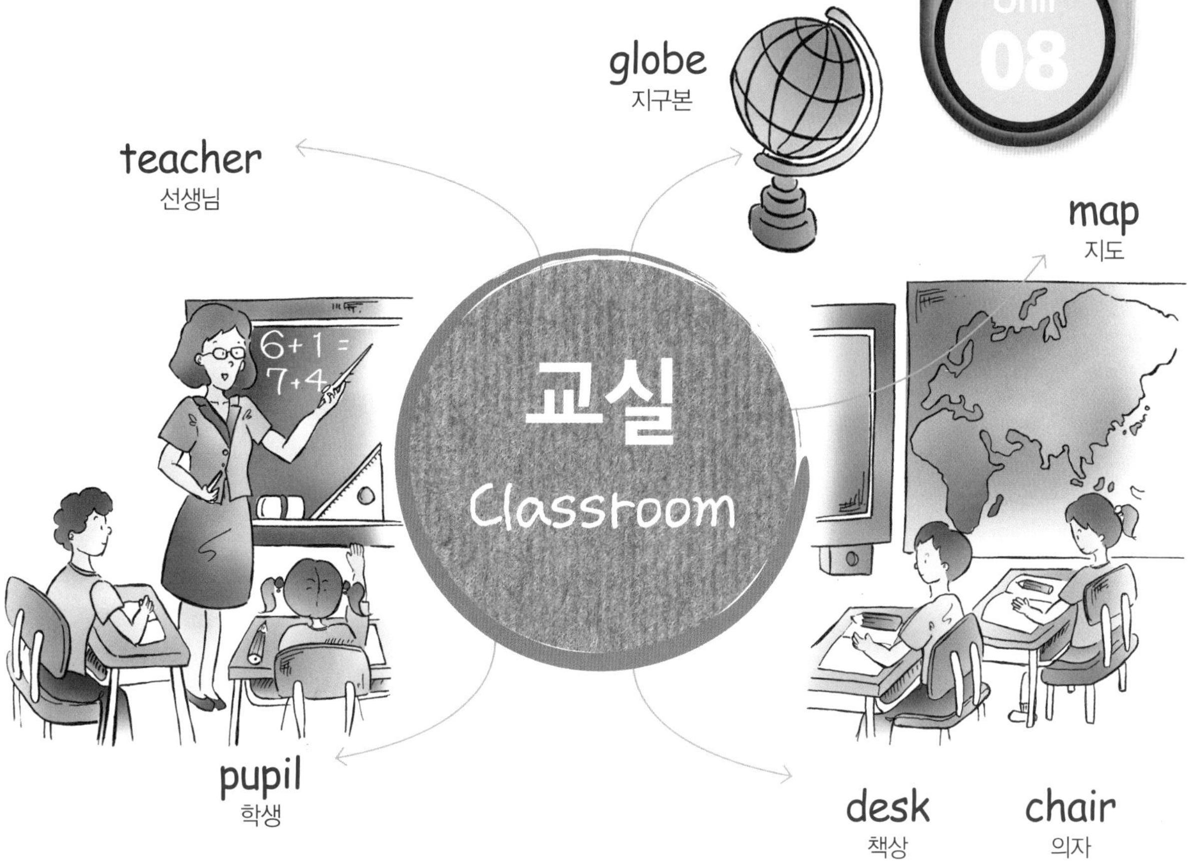

Unit 08

교실 Classroom

globe
지구본

teacher
선생님

map
지도

pupil
학생

desk
책상

chair
의자

단어를 큰 소리로 읽으면서 줄에 맞추어 바르게 써 보세요.

① classroom

[klǽsrù(:)m]

② globe

[gloub]

①교실 ②지구본

③ chalk

[tʃɔːk]

④ teacher

[tíːtʃəːr]

⑤ pupil

[pjúːpəl]

⑥ blackboard

[blǽkbɔ̀ːrd]

⑦ map

[mæp]

⑧ desk

[desk]

③분필 ④선생님 ⑤학생 ⑥칠판 ⑦지도 ⑧책상

⑨ chair

[tʃɛər]

chair

문장을 읽고 단어를 따라 써 보세요.

우리 선생님은 분필로 글을 쓰신다.

Our teacher writes with chalk.

그는 칠판에 자기 이름을 썼다.

He wrote his name on the blackboard.

의자에 앉아라.

Sit down on the chair.

⑨ 의자

Unit 09

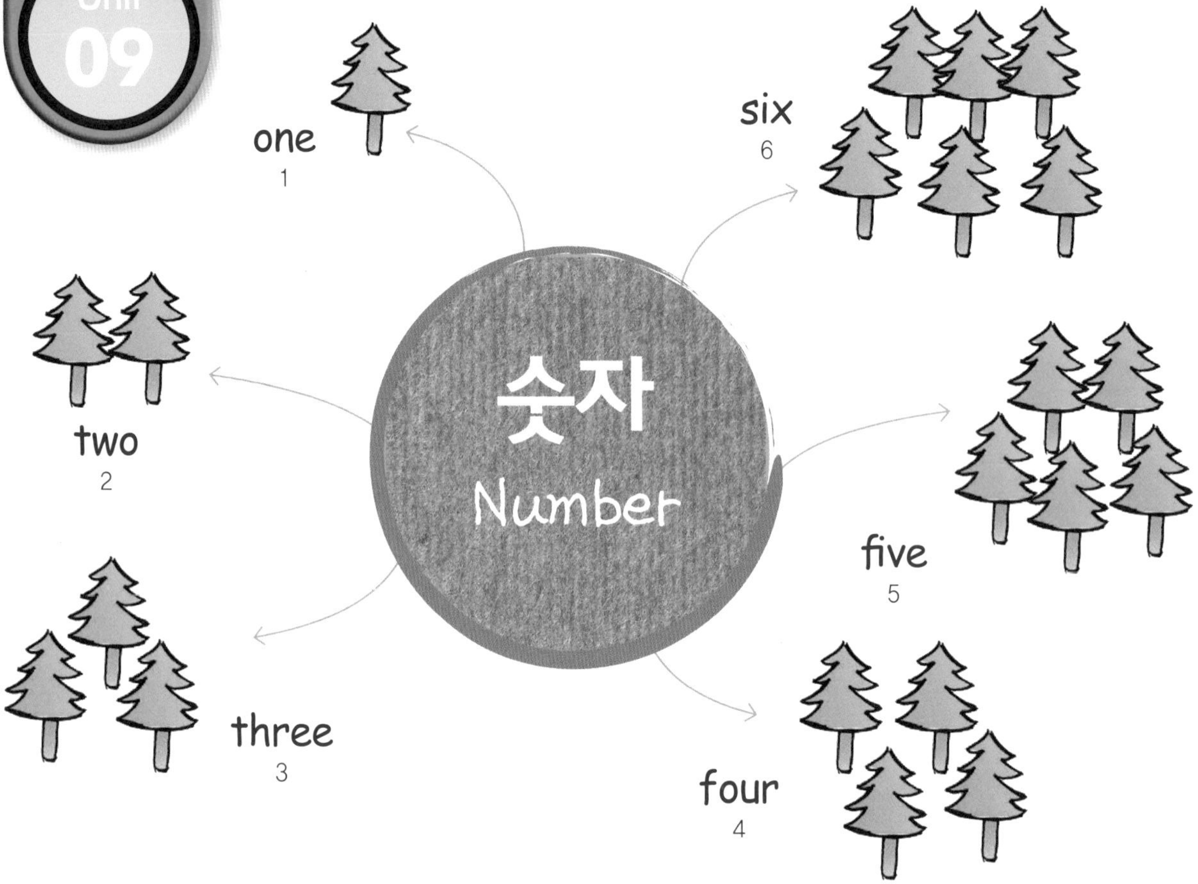

숫자 Number

one
1

two
2

three
3

four
4

five
5

six
6

단어를 큰 소리로 읽으면서 줄에 맞추어 바르게 써 보세요.

① one

[wʌn]

one

② two

[tu:]

two

①1 ②2

③ three

[θriː]

④ four

[fɔːr]

⑤ five

[faiv]

⑥ six

[siks]

⑦ seven

[sévən]

⑧ eight

[eit]

③3 ④4 ⑤5 ⑥6 ⑦7 ⑧8

⑨ nine

[nain]

nine

⑩ ten

[ten]

ten

⑪ eleven

[ilévən]

eleven

⑫ twelve

[twelv]

twelve

⑬ thirteen

[θə̀ːrtíːn]

thirteen

⑭ fourteen

[fɔ̀ːrtíːn]

fourteen

⑨ 9 ⑩ 10 ⑪ 11 ⑫ 12 ⑬ 13 ⑭ 14

⑮ fifteen

[fìftí:n]

⑯ sixteen

[sìkstí:n]

⑰ seventeen

[sèvəntí:n]

⑱ eighteen

[èití:n]

⑲ nineteen

[náintí:n]

⑳ twenty

[twénti]

⑮ 15 ⑯ 16 ⑰ 17 ⑱ 18 ⑲ 19 ⑳ 20

㉑ hundred

[hʌ́ndrəd]

hundred

문장을 읽고 단어를 따라 써 보세요.

네 전화번호가 뭐지?

What is your phone number?

나는 열 살이다.

I am ten years old.

오늘 우리는 500마일 넘게 여행했다.

Today we made over five hundred miles.

㉑ 100

과목 Subject

math(ematics) 수학

science 과학

Korean 국어

art 미술

music 음악

단어를 큰 소리로 읽으면서 줄에 맞추어 바르게 써 보세요.

① math(ematics)

[mæθ(əmǽtiks)]

math(ematics)

② Korean

[kərí:ən]

Korean

①수학 ②국어

③ science

[sáiəns]

science

④ art

[ɑ:rt]

art

⑤ music

[mjú:zik]

music

⑥ physical education

[fízikəl èdʒukéiʃən]

physical education

⑦ social studies

[sóuʃəl stʌ́diz]

social studies

③과학 ④미술 ⑤음악 ⑥체육 ⑦사회

Unit 11

PART 1 하루에 일어나는 일

만들기 Making

paint 물감

scissors 가위

crayon 크레용

sketchbook 스케치북

paste 풀

 단어를 큰 소리로 읽으면서 줄에 맞추어 바르게 써 보세요.

① paper

[péipər]

② sketchbook

[skétʃbùk]

①종이 ②스케치북

③ paint

[peint]

paint

④ crayon

[kréiən]

crayon

⑤ folded paper

[fóuldid péipər]

folded paper

⑥ scissors

[sízə:rz]

scissors

⑦ box

[baks]

box

⑧ paste

[peist]

paste

③물감 ④크레용 ⑤종이접기 ⑥가위 ⑦상자 ⑧풀

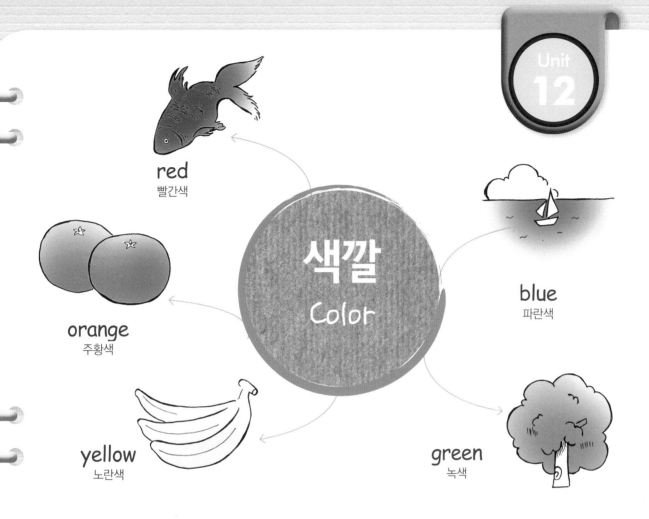

색깔 Color

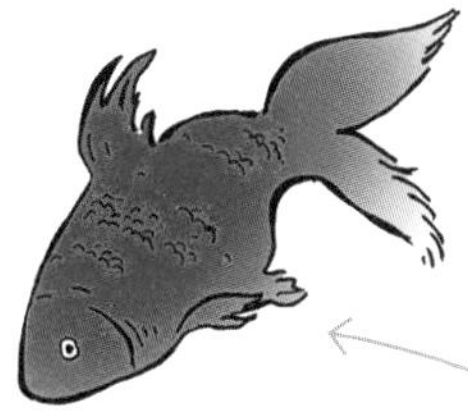

red
빨간색

blue
파란색

orange
주황색

yellow
노란색

green
녹색

단어를 큰 소리로 읽으면서 줄에 맞추어 바르게 써 보세요.

① color
[kʌ́lə*r*]

② red
[red]

① 색깔 ② 빨간색

③ purple

[pə́:rpl]

purple

④ black

[blæk]

black

⑤ green

[gri:n]

green

⑥ brown

[braun]

brown

⑦ blue

[blu:]

blue

⑧ yellow

[jélou]

yellow

③ 보라색 ④ 검정색 ⑤ 녹색 ⑥ 갈색 ⑦ 파란색 ⑧ 노란색

⑨ orange

[ɔ́(:)rindʒ]

orange

⑩ white

[*h*wait]

white

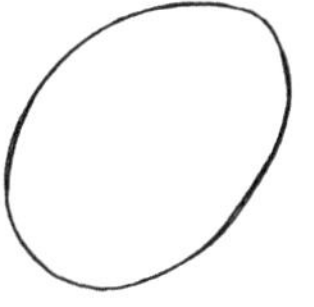

⑪ pink

[piŋk]

pink

문장을 읽고 단어를 따라 써 보세요.

너는 어떤 색을 좋아하니?

What color do you like?

토끼는 빨간 눈을 갖고 있습니다.

The rabbit has red eyes.

맑은 날에 하늘은 파랗다.

On a clear day, the sky is blue.

⑨ 주황색 ⑩ 흰색 ⑪ 분홍색

Unit 13

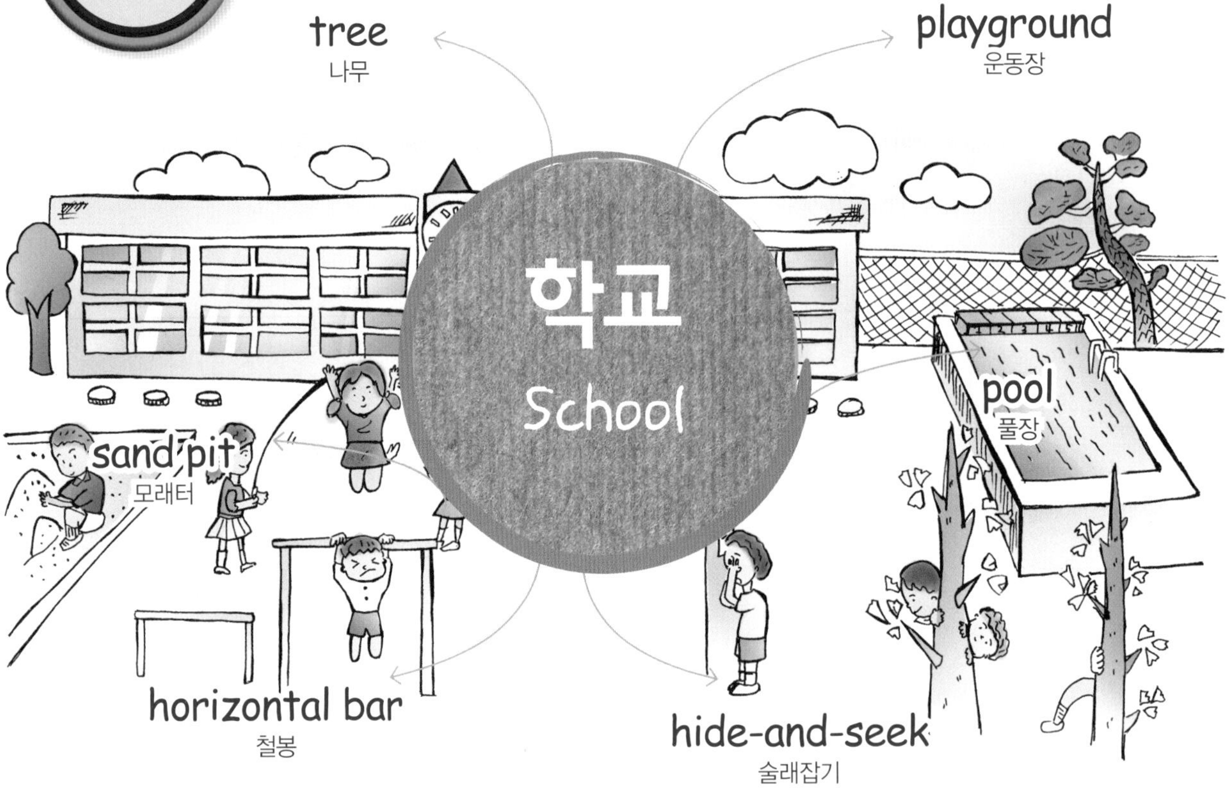

tree
나무

playground
운동장

학교
School

pool
풀장

sand pit
모래터

horizontal bar
철봉

hide-and-seek
술래잡기

단어를 큰 소리로 읽으면서 줄에 맞추어 바르게 써 보세요.

① school

[sku:l]

② clock

[klak]

① 학교 ② 시계

③ jump-rope

[dʒʌmp roup]

jump-rope

④ tree

[triː]

tree

⑤ sand pit

[sænd pit]

sand pit

⑥ horizontal bar

[hɔ̀ːrəzɑ́ntl bɑːr]

horizontal bar

⑦ pine

[pain]

pine

⑧ pool

[puːl]

pool

③줄넘기 ④나무 ⑤모래터 ⑥철봉 ⑦소나무 ⑧풀장

⑨ playground

[pléigràund]

⑩ ginkgo

[gíŋkou]

⑪ hide-and-seek

[haid ənd sik]

문장을 읽고 단어를 따라 써 보세요.

그는 초등학교에 다닌다.

He goes to elementary school.

수영장이 어디에 있지?

Where is the swimming pool?

벽에 시계가 하나 있다.

There is a clock on the wall.

⑨ 운동장 ⑩ 은행나무 ⑪ 술래잡기

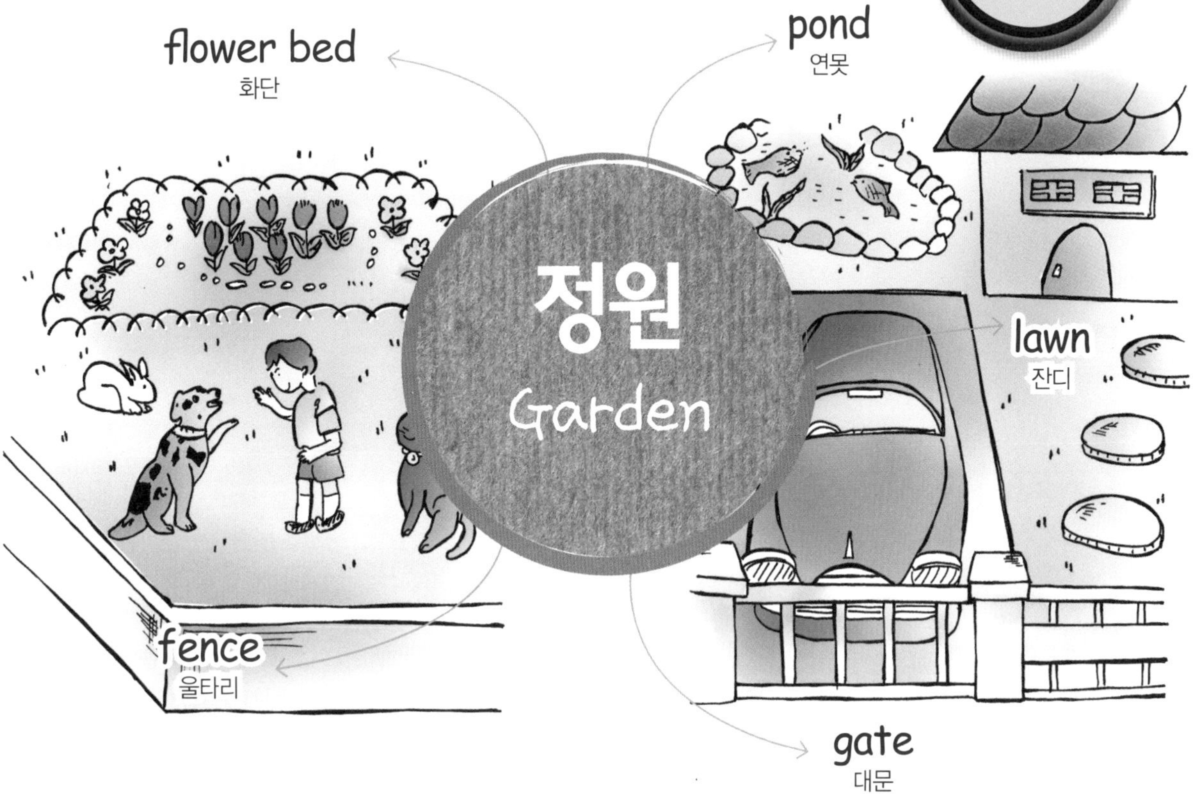

Unit 14

정원 Garden

flower bed
화단

pond
연못

lawn
잔디

fence
울타리

gate
대문

단어를 큰 소리로 읽으면서 줄에 맞추어 바르게 써 보세요.

① garden

[gá:rdn]

② rabbit

[rǽbit]

① 정원 ② 토끼

③ dog

[dɔ(ː)g]

dog

④ fence

[fens]

fence

⑤ flower bed

[fláuər bed]

flower bed

⑥ cat

[kæt]

cat

⑦ goldfish

[góuldfiʃ]

goldfish

⑧ pond

[pɑnd]

pond

③ 강아지 ④ 울타리 ⑤ 화단 ⑥ 고양이 ⑦ 금붕어 ⑧ 연못

⑨ roof

[ru:f]

roof

⑩ lawn

[lɔ:n]

lawn

⑪ garage

[gərá:dʒ]

garage

⑫ gate

[geit]

gate

문장을 읽고 단어를 따라 써 보세요.

집 주위에 담장이 있습니다.

There's a fence around the house.

우리 집은 빨간 지붕이다.

Our house has a red roof.

⑨ 지붕 ⑩ 잔디 ⑪ 차고 ⑫ 대문

Unit 15

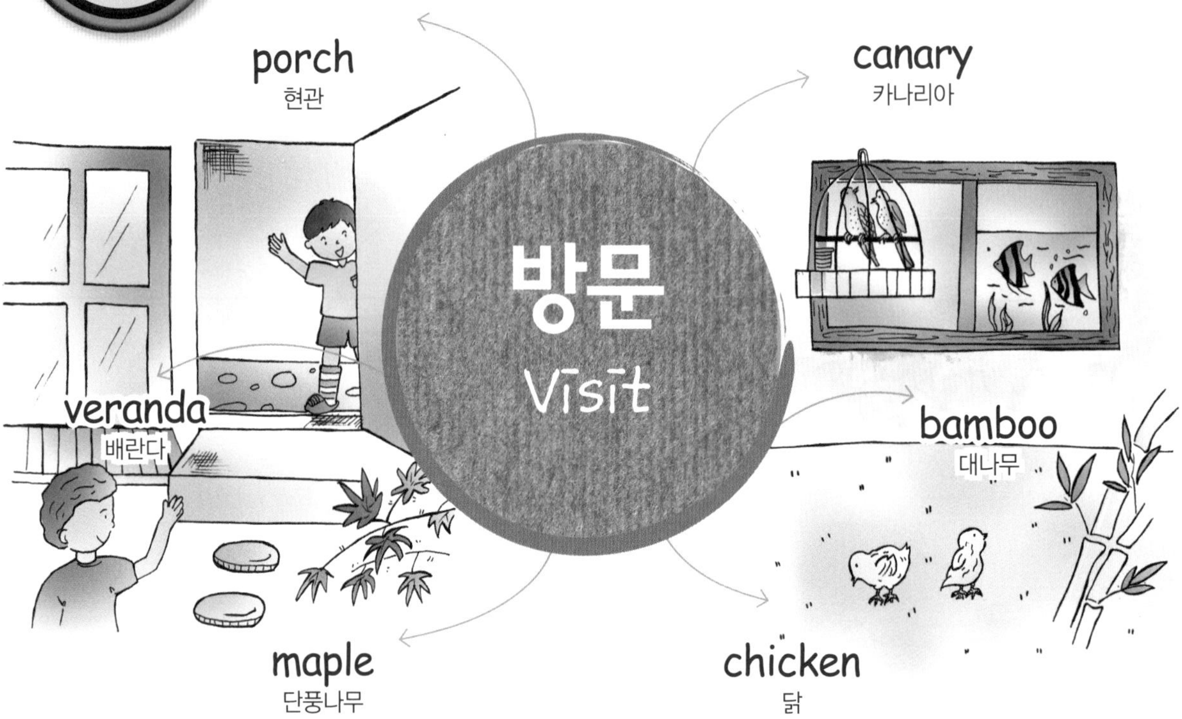

방문 Visit

porch
현관

canary
카나리아

veranda
배란다

bamboo
대나무

maple
단풍나무

chicken
닭

단어를 큰 소리로 읽으면서 줄에 맞추어 바르게 써 보세요.

① window

[wíndou]

window

② veranda

[vərǽndə]

veranda

① 창문　② 베란다

③ porch

[pɔːrtʃ]

porch

④ door

[dɔːr]

door

⑤ maple

[méipəl]

maple

⑥ canary

[kənέəri]

canary

⑦ tropical fish

[trápikəl fiʃ]

tropical fish

⑧ chicken

[tʃíkin]

chicken

③ 현관 ④ 문 ⑤ 단풍나무 ⑥ 카나리아 ⑦ 열대어 ⑧ 닭

⑨ bamboo

[bæmbúː]

bamboo

문장을 읽고 단어를 따라 써 보세요.

나는 그를 자주 방문한다.

I often visit him.

누가 창문을 깼니?

Who broke the window?

문 좀 열어 주세요.

Open the door, please.

⑨ 대나무

단어를 큰 소리로 읽으면서 줄에 맞추어 바르게 써 보세요.

① sandwich

[sǽndwitʃ]

sandwich

② candy

[kǽndi]

candy

① 샌드위치 ② 캔디

③ chocolate

[tʃɔ́:kəlit]

chocolate

④ hamburger

[hǽmbə̀:*r*gə*r*]

hamburger

⑤ soda pop

[sóudə pɑp]

soda pop

⑥ juice

[dʒu:s]

juice

⑦ fried chicken

[fraid tʃíkin]

fried chicken

③초콜릿 ④햄버거 ⑤소다수 ⑥주스 ⑦프라이드 치킨

과자와 음료 Sweets & drink

cake
케이크

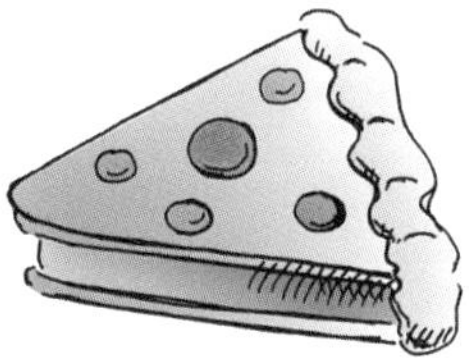

pie
파이

ice cream
아이스크림

cocoa
코코아

pudding
푸딩

단어를 큰 소리로 읽으면서 줄에 맞추어 바르게 써 보세요.

① cake

[keik]

② pie

[pai]

① 케이크 ② 파이

③ ice cream

[ais kri:m]

ice cream

④ cookie

[kúki]

cookie

⑤ pudding

[púdiŋ]

pudding

⑥ tea

[ti:]

tea

⑦ coffee

[kɔ́:fi]

coffee

⑧ cocoa

[kóukou]

cocoa

③아이스크림 ④쿠키 ⑤푸딩 ⑥차 ⑦커피 ⑧코코아

⑨ **green tea**

[gri:n ti:]

문장을 읽고 단어를 따라 써 보세요.

나는 그 가게에서 과자를 샀다.

I bought sweets at the store.

뭐 좀 마실 것이 있었으면 좋겠다.

I want something to drink.

나는 아이스크림을 주문하였다.

I ordered ice cream.

⑨ 녹차

Unit 18

쇼핑
Shopping

vegetable
야채

money
돈

spinach
시금치

단어를 큰 소리로 읽으면서 줄에 맞추어 바르게 써 보세요.

① shopping

[ʃápiŋ]

shopping

② vegetable

[védʒətəbəl]

vegetable

①쇼핑 ②야채

③ tomato

[təméitou]

tomato

④ money

[mʌ́ni]

money

⑤ cucumber

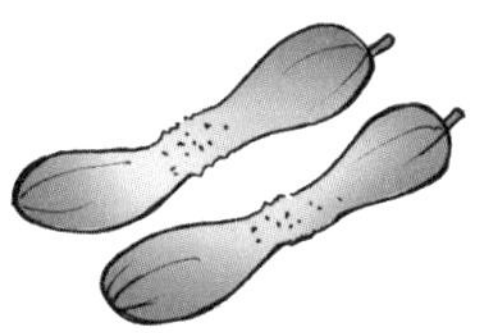

[kju:kʌmbər]

cucumber

⑥ carrot

[kǽrət]

carrot

⑦ onion

[ʌ́njən]

onion

⑧ cabbage

[kǽbidʒ]

cabbage

③토마토 ④돈 ⑤오이 ⑥당근 ⑦양파 ⑧양배추

⑨ **spinach**

[spínitʃ]

spinach

⑩ **potato**

[pətéitou]

potato

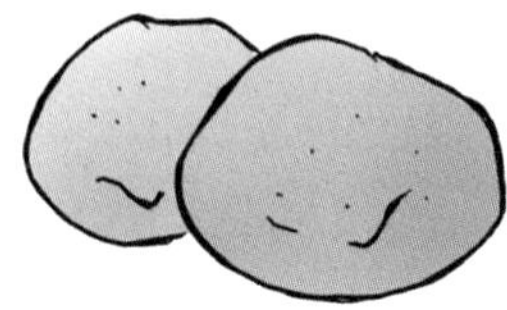

문장을 읽고 단어를 따라 써 보세요.

우리는 함께 쇼핑하러 갔다.

We went shopping together.

이것들은 신선한 채소이다.

These are fresh vegetables.

어머니는 나에게 토마토 수프를 만들어 주셨다.

Mother made tomato soup for me.

⑨ 시금치 ⑩ 감자

과일 Fruit

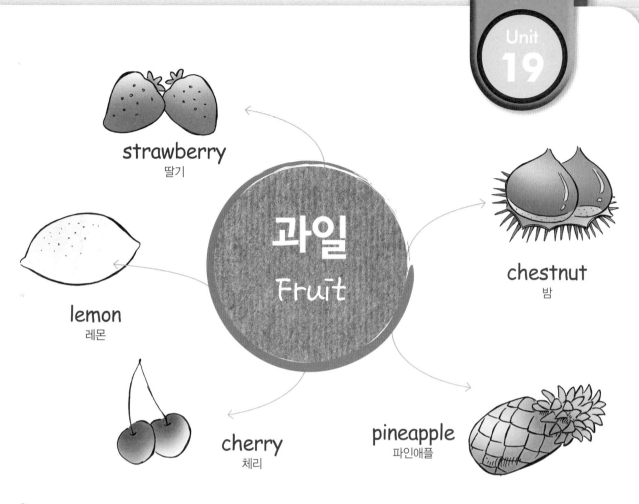

strawberry
딸기

chestnut
밤

lemon
레몬

cherry
체리

pineapple
파인애플

단어를 큰 소리로 읽으면서 줄에 맞추어 바르게 써 보세요.

① fruit

[fruːt]

fruit

② lemon

[lémən]

lemon

①과일 ②레몬

③ cherry

[tʃéri]

④ watermelon

[wɔ́:tə:rmèlən]

⑤ banana

[bənǽnə]

⑥ strawberry

[strɔ́:bèri]

⑦ grape

[greip]

⑧ peach

[pi:tʃ]

③체리 ④수박 ⑤바나나 ⑥딸기 ⑦포도 ⑧복숭아

⑨ chestnut

[tʃésnʌt]

chestnut

⑩ orange

[ɔ́(:)rindʒ]

orange

⑪ apple

[ǽpl]

apple

⑫ pineapple

[páinæ̀pl]

pineapple

문장을 읽고 단어를 따라 써 보세요.

그 과일들은 신선하다.

The fruits are fresh.

그녀는 오렌지를 절반으로 잘랐다.

She cut the orange in half.

⑨ 밤 ⑩ 오렌지 ⑪ 사과 ⑫ 파인애플

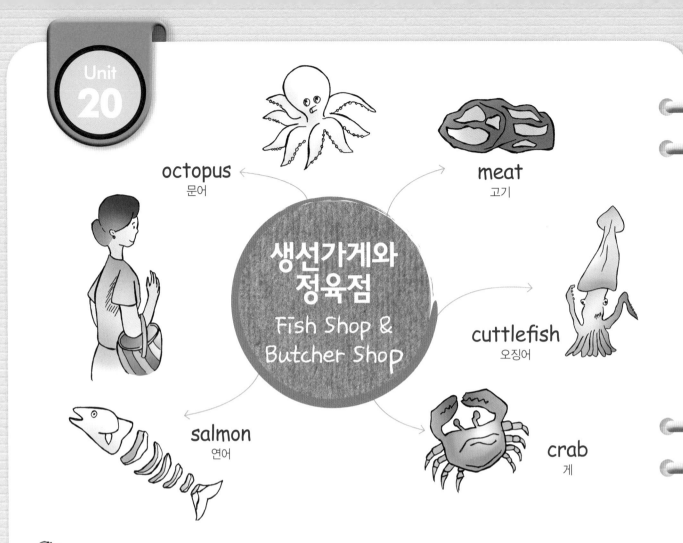

Unit 20

생선가게와 정육점
Fish Shop & Butcher Shop

octopus
문어

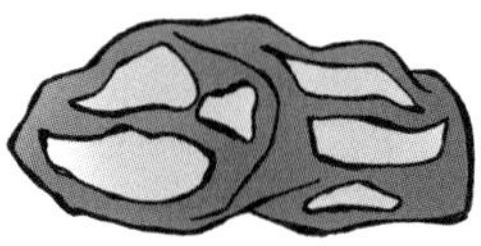

meat
고기

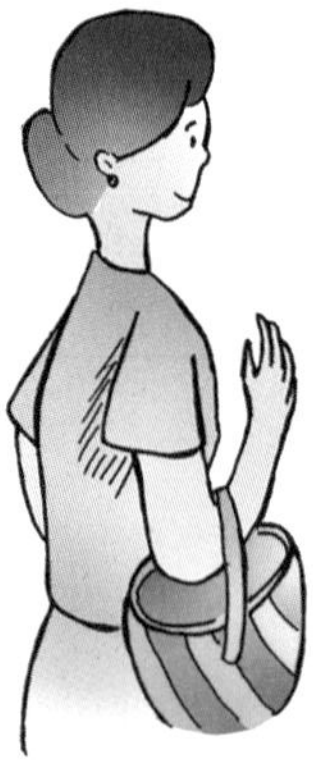

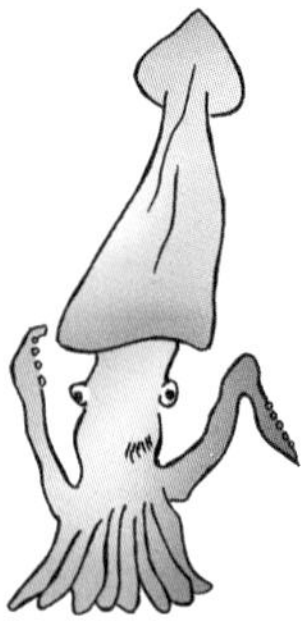

cuttlefish
오징어

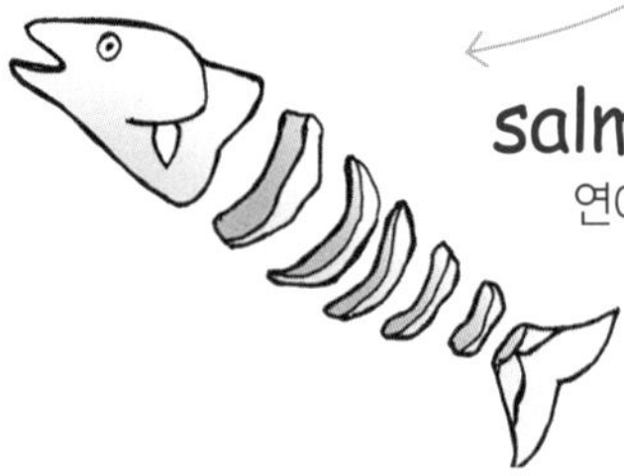

salmon
연어

crab
게

단어를 큰 소리로 읽으면서 줄에 맞추어 바르게 써 보세요.

① fish

[fiʃ]

fish

② octopus

[άktəpəs]

octopus

①생선 ②문어

③ cuttlefish

[kʌ́tlfiʃ]

④ salmon

[sǽmən]

⑤ lobster

[lábstər]

⑥ crab

[kræb]

⑦ butcher

[bútʃər]

⑧ meat

[miːt]

③ 오징어 ④ 연어 ⑤ 바닷가재 ⑥ 게 ⑦ 정육점 주인 ⑧ 고기

Unit 21

숙제 Homework

book
책

bookcase
책장

textbook
교과서

notebook
공책

단어를 큰 소리로 읽으면서 줄에 맞추어 바르게 써 보세요.

① homework

[hóumwə̀ːrk]

homework

② bookcase

[búkkèis]

bookcase

①숙제 ②책장

③ textbook

[tékstbùk]

textbook

④ notebook

[nóutbùk]

notebook

⑤ book

[buk]

book

문장을 읽고 단어를 따라 써 보세요.

숙제는 끝냈니?

Have you finished your homework?

이것은 새 교과서이다.

This is a new textbook.

너는 노트를 가지고 있니?

Do you have a notebook?

③ 교과서 ④ 노트 ⑤ 책

Unit 22

방 Room

alarm clock
알람시계

toy
장난감

pillow
배게

bed
침대

doll
인형

단어를 큰 소리로 읽으면서 줄에 맞추어 바르게 써 보세요.

① alarm clock

[əlάːrm klak]

alarm clock

② pillow

[pílou]

pillow

① 알람시계 ② 베개

③ toy
[tɔi]
toy

④ bed
[bed]
bed

⑤ doll
[dɔːl]
doll

문장을 읽고 단어를 따라 써 보세요.

나는 이 방에서 잔다.
I sleep in this room.

나는 포근한 침대에서 잔다.
I sleep on a soft bed.

메리는 인형에게 옷을 입혔다.
Mary dressed a doll.

③ 장난감 ④ 침대 ⑤ 인형

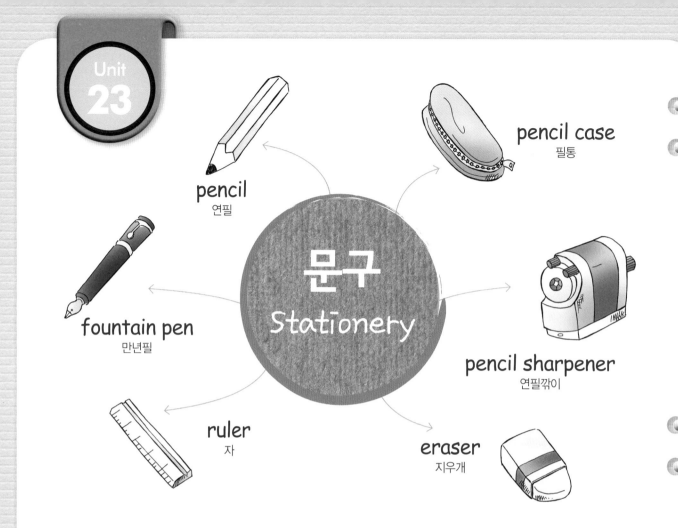

Unit 23

문구 Stationery

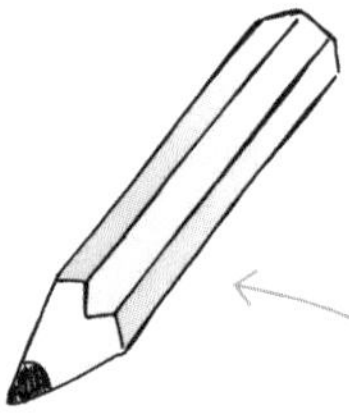

pencil
연필

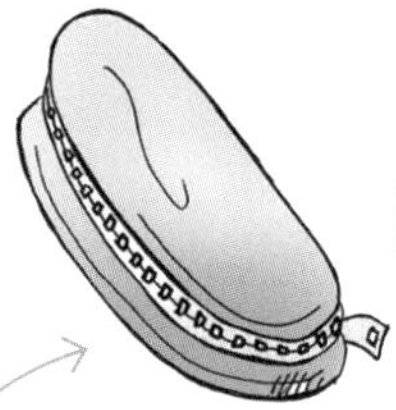

pencil case
필통

fountain pen
만년필

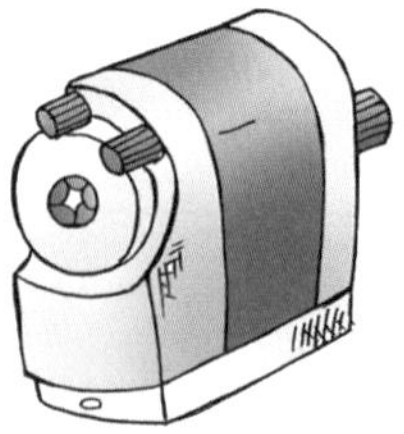

pencil sharpener
연필깎이

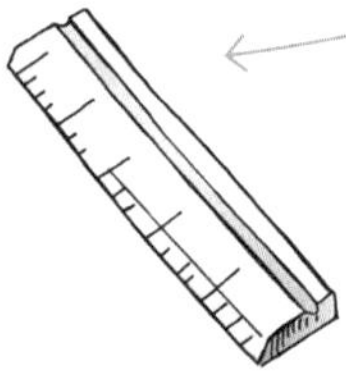

ruler
자

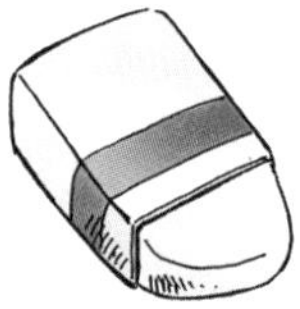

eraser
지우개

단어를 큰 소리로 읽으면서 줄에 맞추어 바르게 써 보세요.

① pencil

[pénsəl]

pencil

② fountain pen

[fáuntin pen]

fountain pen

① 연필 ② 만년필

③ eraser

[iréisər]

eraser

④ ball-point pen

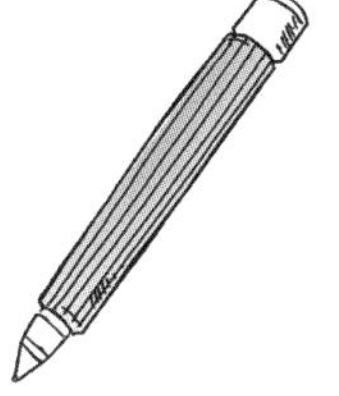

[bɔ:l pɔint pen]

ball-point pen

⑤ pencil sharpener

[pénsəl ʃá:rpənər]

pencil sharpener

⑥ ruler

[rú:lə:r]

ruler

⑦ dictionary

[díkʃənèri]

dictionary

⑧ pencil case

[pénsəl keis]

pencil case

③지우개 ④볼펜 ⑤연필깎이 ⑥자 ⑦사전 ⑧필통

Unit 24

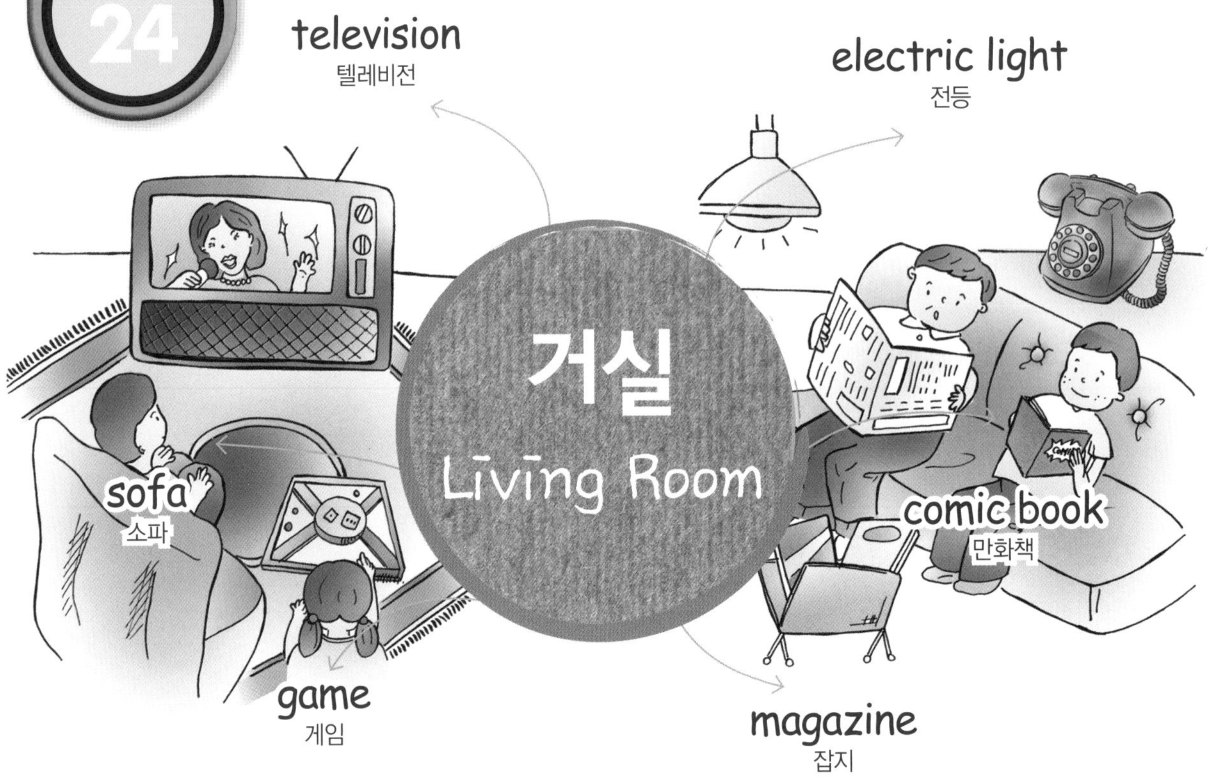

거실 Living Room

television 텔레비전

electric light 전등

sofa 소파

comic book 만화책

game 게임

magazine 잡지

단어를 큰 소리로 읽으면서 줄에 맞추어 바르게 써 보세요.

① television

[téləvìʒən]

② carpet

[kάːrpit]

① 텔레비전 ② 카펫

③ game

[geim]

④ sofa

[sóufə]

⑤ electric light

[iléktrik lait]

⑥ telephone

[téləfòun]

⑦ newspaper

[nјú:zpèipə:r]

⑧ comic book

[kámik buk]

③ 게임 ④ 소파 ⑤ 전등 ⑥ 전화 ⑦ 신문 ⑧ 만화책

⑨ **magazine**

[mægəzíːn]

magazine

문장을 읽고 단어를 따라 써 보세요.

거실에 텔레비전이 있다.

There is a TV in the living room.

그녀는 소파에 앉아 있다.

She is sitting on the sofa.

아버지는 신문을 읽고 계신다.

Father is reading the newspaper.

⑨ 잡지

단어를 큰 소리로 읽으면서 줄에 맞추어 바르게 써 보세요.

① announcer

[ənáunsər]

announcer

② microphone

[máikrəfòun]

microphone

①아나운서 ②마이크

③ **news**

[njuːz]

news

④ **commercial**

[kəmə́ːrʃəl]

commercial

문장을 읽고 단어를 따라 써 보세요.

나는 지금 TV를 보고 있다.

I am watching TV now.

그가 그 소식을 내게 말해 주었다.

He told me the news.

우리 아버지는 라디오 아나운서입니다.

My father is a radio announcer.

③ 뉴스 ④ 광고 방송

단어를 큰 소리로 읽으면서 줄에 맞추어 바르게 써 보세요.

① curtain

[kə́ːrtən]

② stereo

[stériòu]

① 커튼 ② 스테레오

③ speaker

[spí:kə:r]

speaker

④ radio

[réidiòu]

radio

⑤ record

[rékə:rd]

record

⑥ tape recorder

[teip rikɔ́:rdə:r]

tape recorder

문장을 읽고 단어를 따라 써 보세요.

커튼을 쳐라.

Draw the curtains.

그는 라디오를 듣고 있었다.

He was listening to the radio.

③스피커 ④라디오 ⑤레코드 ⑥녹음기

확인해 볼까요!

1 다음 각 영어 단어의 뜻을 우리말로 써 보세요.

① family ____________ ② handkerchief ____________

③ garage ____________ ④ kettle ____________

⑤ peach ____________ ⑥ commercial ____________

2 다음 우리말 뜻에 해당하는 영어 단어를 써 보세요.

① 남편 ____________ ② 식당 ____________

③ 냉장고 ____________ ④ 100 ____________

⑤ 과학 ____________ ⑥ 가위 ____________

3 그림에 해당하는 색깔과 영어 단어를 연결해 보세요.

①
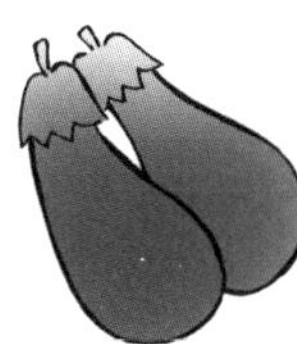

②

③

④

(a) orange (b) purple (c) pink (d) black

1 1.가족 2.손수건 3.차고 4.주전자 5.복숭아 6.광고 2 1.husband 2.dining room 3.refrigerator 4.hundred 5.science 6.scissors 3 1.b 2.d 3.a 4.b

4 보기에서 우리말 뜻에 해당하는 영어 단어를 찾아 쓰세요.

child	comb	trousers	plate	lunch	globe
art	paste	fence	money	salmon	pillow

❶ 점심식사 ________ ❷ 베개 ________ ❸ 풀 ________

❹ 바지 ________ ❺ 연어 ________ ❻ 돈 ________

❼ 지구본 ________ ❽ 접시 ________ ❾ 미술 ________

❿ 어린이 ________ ⓫ 빗 ________ ⓬ 울타리 ________

5 그림을 보고 알파벳 순서를 바꾸어 알맞은 단어를 만들어 보세요.

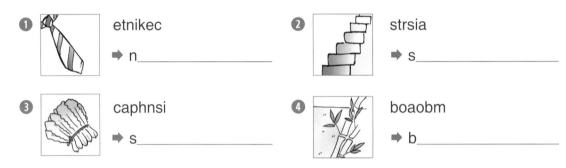

❶  etnikec

➡ n________

❷ 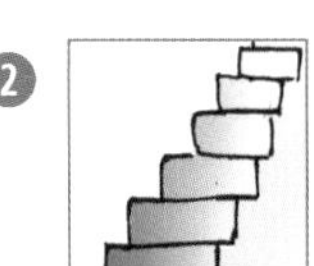 strsia

➡ s________

❸  caphnsi

➡ s________

❹   boaobm

➡ b________

6 그림을 보고 알맞은 단어를 넣어 문장을 완성하세요.

❶  The ________ is eating a carrot.

❷ 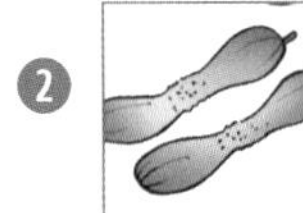 The ________ is green.

❸  The ________ has eight arms.

❹ 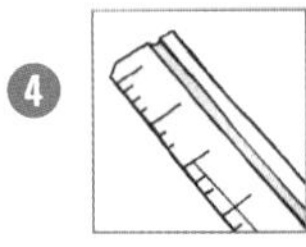 Can I use your ________ ?

4 1.lunch 2.pillow 3.paste 4.trousers 5.salmon 6.money 7.globe 8.plate 9.art 10.child 11.comb 12.fence **5** 1.necktie 2.stairs 3.spinach 4.bamboo
6 1.rabbit(토끼가 당근을 먹고 있다.) 2.cucumber(오이는 녹색이다.) 3.octopus(문어는 다리가 8개이다.) 4.ruler(자를 써도 되겠니?)

Part 2

1년에 일어나는 일

Unit 01

봄
Spring

spring
봄

cherry tree
벚나무

freshman
1학년

단어를 큰 소리로 읽으면서 줄에 맞추어 바르게 써 보세요.

① spring

[spriŋ]

spring

② cherry tree

[tʃéri triː]

cherry tree

①봄 ②벚나무

③ **freshman**

[fréʃmən]

freshman

문장을 읽고 단어를 따라 써 보세요.

겨울 다음에 봄이 온다.

Spring follows winter.

벚나무에 꽃이 피어 있다.

Cherry trees have blossoms.

이들 중 한명은 신입생이다.

One of these is a freshman.

③ 1학년

Unit 02

friend
친구

새 학기
New Semester

schoolgirl
여학생

schoolboy
남학생

principal
교장

단어를 큰 소리로 읽으면서 줄에 맞추어 바르게 써 보세요.

① friend

[frend]

friend

② schoolgirl

[skú:lgə̀:rl]

schoolgirl

① 친구 ② 여학생

③ schoolboy

[skúːlbɔ̀i]

schoolboy

④ principal

[prínsəpəl]

principal

문장을 읽고 단어를 따라 써 보세요.

우리들은 좋은 친구 사이다.

We are good friends.

여학생들이 1열로 서 있다.

The schoolgirls are standing in line.

그 남학생은 때때로 나쁜 짓을 한다.

The schoolboy often does wrong.

③남학생 ④교장

Unit 03

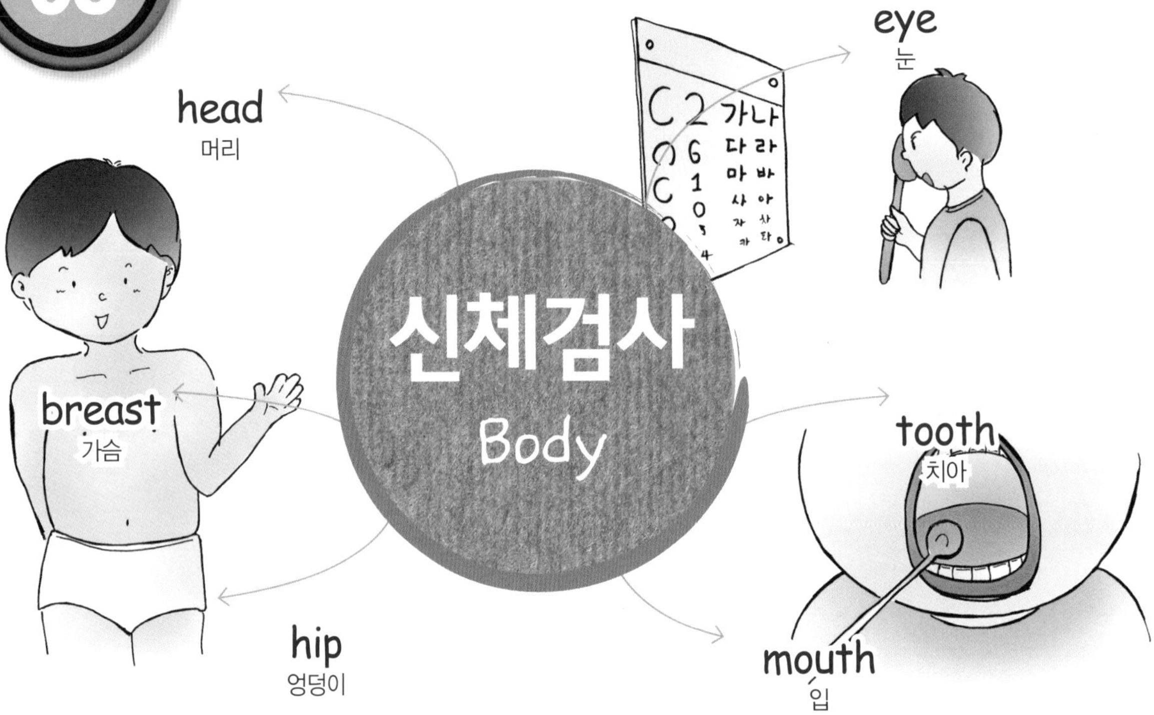

신체검사 Body

head
머리

eye
눈

breast
가슴

tooth
치아

hip
엉덩이

mouth
입

단어를 큰 소리로 읽으면서 줄에 맞추어 바르게 써 보세요.

① body

[bádi]

② head

[hed]

①몸 ②머리

③ breast

[brest]

breast

④ shoulder

[ʃóuldəːr]

shoulder

⑤ belly

[béli]

belly

⑥ hip

[hip]

hip

⑦ hair

[hɛər]

hair

⑧ eye

[ai]

eye

③가슴 ④어깨 ⑤배 ⑥엉덩이 ⑦머리카락 ⑧눈

⑨ back

[bæk]

back

⑩ mouth

[mauθ]

mouth

⑪ tooth

[tu:θ]

tooth

⑫ lip

[lip]

lip

문장을 읽고 단어를 따라 써 보세요.

그는 내 머리를 때렸다.

He hit me on the head.

나는 머리를 깎았다.

I got my hair cut.

⑨등 ⑩입 ⑪치아 ⑫입술

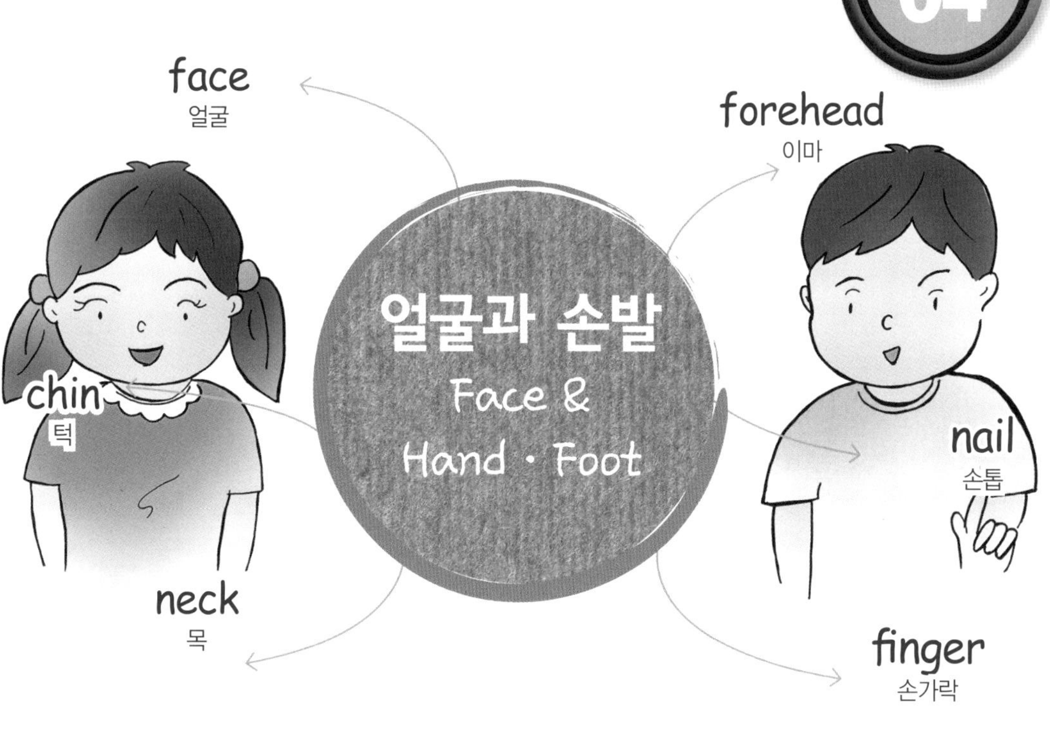

단어를 큰 소리로 읽으면서 줄에 맞추어 바르게 써 보세요.

① face

[feis]

② eyelash

[àilæʃ]

①얼굴 ②속눈썹

③ **eyebrow**

[àibráu]

eyebrow

④ **cheek**

[tʃiːk]

cheek

⑤ **neck**

[nek]

neck

⑥ **forehead**

[fɔ́ː*r*hèd]

forehead

⑦ **ear**

[iə*r*]

ear

⑧ **nose**

[nouz]

nose

③눈썹 ④볼 ⑤목 ⑥이마 ⑦귀 ⑧코

⑨ chin

[tʃin]

chin

⑩ finger

[fíŋgər]

finger

⑪ nail

[neil]

nail

⑫ arm

[ɑːrm]

arm

⑬ hand

[hænd]

hand

⑭ elbow

[élbou]

elbow

⑨ 턱 ⑩ 손가락 ⑪ 손톱 ⑫ 팔 ⑬ 손 ⑭ 팔꿈치

⑮ toe

[tou]

toe

⑯ knee

[ni:]

knee

⑰ heel

[hi:l]

heel

⑱ leg

[leg]

leg

⑲ foot

[fut]

foot

⑮ 발가락 ⑯ 무릎 ⑰ 발뒤꿈치 ⑱ 다리 ⑲ 발

mountain
산

field
들판

야유회
Picnic

waterfall
폭포

hill
언덕

river
강

단어를 큰 소리로 읽으면서 줄에 맞추어 바르게 써 보세요.

① lake

[leik]

lake

② forest

[fɔ́(:)rist]

forest

①호수 ②숲

③ field

[fiːld]

④ hill

[hil]

⑤ mountain

[máuntən]

⑥ waterfall

[wɔ́ːtəːrfɔ̀ːl]

⑦ valley

[vǽli]

⑧ river

[rívəːr]

③들판 ④언덕 ⑤산 ⑥폭포 ⑦골짜기 ⑧강

sea
바다

wave
파도

해변 Seashore

photograph
사진

sand
모래

stone
바위

단어를 큰 소리로 읽으면서 줄에 맞추어 바르게 써 보세요.

① seashore

[síːʃɔ̀ːr]

seashore

② sea

[siː]

sea

①해변 ②바다

③ camera

[kǽmərə]

camera

④ photograph

[fóutəgræ̀f]

photograph

⑤ whale

[*h*weil]

whale

⑥ wave

[weiv]

wave

⑦ sand

[sænd]

sand

⑧ stone

[stoun]

stone

③카메라 ④사진 ⑤고래 ⑥파도 ⑦모래 ⑧돌

⑨ rock

[rak]

rock

문장을 읽고 단어를 따라 써 보세요.

여름에 우리는 바다에서 수영한다.

In summer, we swim in the sea.

탐은 카메라를 들고 있다.

Tom is holding a camera.

아이들은 모래를 가지고 놀기를 좋아한다.

Children like to play with sand.

⑨ 바위

Unit 07

summer
여름

여름
Summer

summer vacation
여름방학

sea bathing
해수욕

단어를 큰 소리로 읽으면서 줄에 맞추어 바르게 써 보세요.

① summer

[sʌ́mər]

summer

② summer vacation

[sʌ́mər veikéiʃən]

summer vacation

① 여름　② 여름방학

③ **sea bathing**

[si: béiðiŋ]

sea bathing

문장을 읽고 단어를 따라 써 보세요.

나는 여름이 겨울보다 좋습니다

I like summer better than winter.

나의 아버지는 휴가 중이십니다.

My father is on vacation.

나는 여름에 해수욕을 즐깁니다.

I enjoy sea bathing in summer.

③ 해수욕

Unit 08

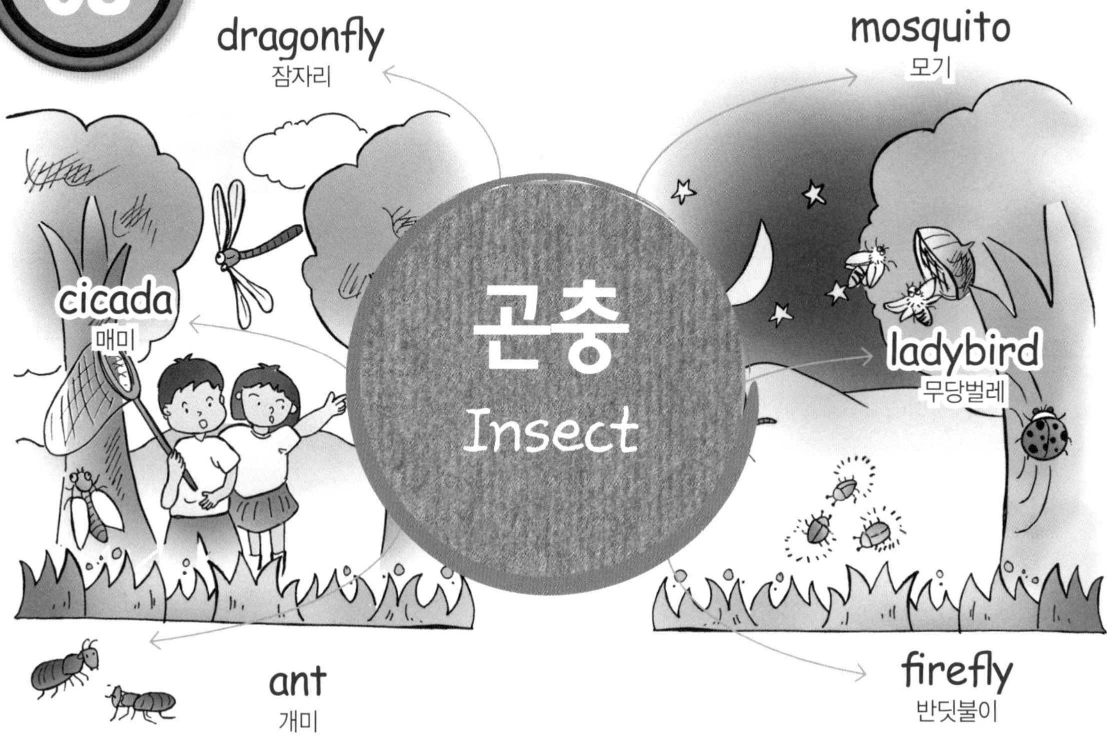

dragonfly
잠자리

mosquito
모기

cicada
매미

곤충
Insect

ladybird
무당벌레

ant
개미

firefly
반딧불이

단어를 큰 소리로 읽으면서 줄에 맞추어 바르게 써 보세요.

① insect

[ínsekt]

② net

[net]

①곤충 ②그물

③ straw hat

[strɔ: hæt]

straw hat

④ butterfly

[bʌ́tərflài]

butterfly

⑤ ant

[ænt]

ant

⑥ dragonfly

[drǽgənflài]

dragonfly

⑦ cicada

[sikéidə]

cicada

⑧ beetle

[bí:tl]

beetle

③ 밀짚모자 ④ 나비 ⑤ 개미 ⑥ 잠자리 ⑦ 매미 ⑧ 딱정벌레

⑨ bee

[biː]

bee

⑩ ladybird

[léidibə̀ːrd]

ladybird

⑪ mosquito

[məskíːtou]

mosquito

⑫ firefly

[fáiərflài]

firefly

문장을 읽고 단어를 따라 써 보세요.

개미와 나비는 곤충이다.

Ants and butterflies are insects.

그들은 그물로 곤충을 잡는다.

They catch insects with a net.

⑨ 벌 ⑩ 무당벌레 ⑪ 모기 ⑫ 반딧불이

Unit 09

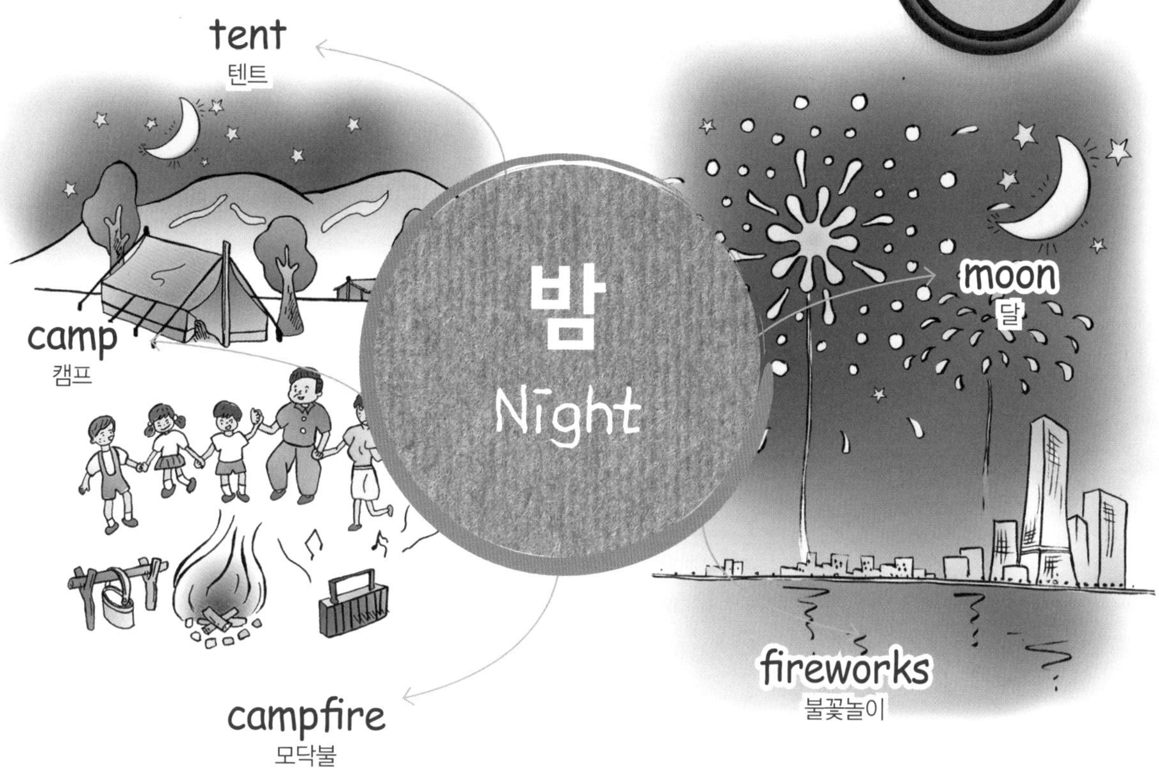

tent
텐트

camp
캠프

밤
Night

moon
달

fireworks
불꽃놀이

campfire
모닥불

단어를 큰 소리로 읽으면서 줄에 맞추어 바르게 써 보세요.

① night

[nait]

② camp

[kæmp]

①밤 ②야영지

③ tent

[tent]

tent

④ campfire

[kǽmpfàiə*r*]

campfire

⑤ sky

[skai]

sky

⑥ moon

[muːn]

moon

⑦ star

[stɑːː*r*]

star

⑧ fireworks

[fàiə*r*wə̀ː*r*ks]

fireworks

③ 텐트 ④ 캠프파이어 ⑤ 하늘 ⑥ 달 ⑦ 별 ⑧ 불꽃놀이

fall
가을

가을
Fall

red leaves
단풍

단어를 큰 소리로 읽으면서 줄에 맞추어 바르게 써 보세요.

① fall
[fɔːl]

② red leaves
[red liːvz]

①가을 ②단풍

Unit 11

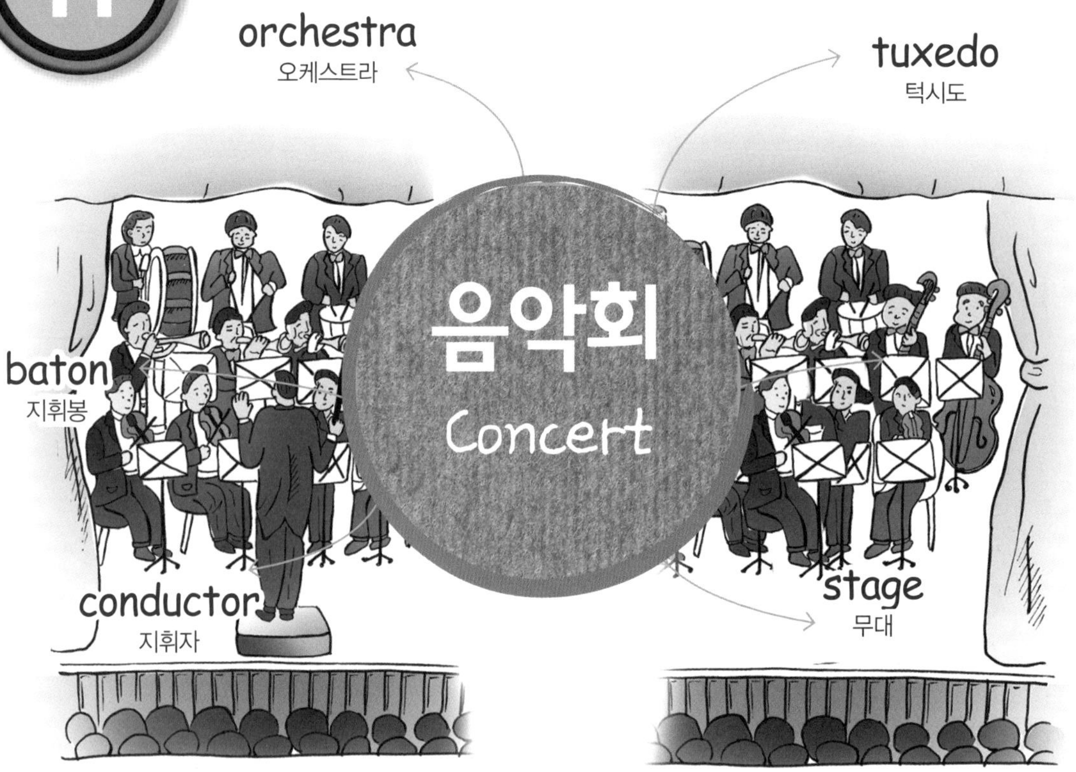

음악회 Concert

orchestra
오케스트라

tuxedo
턱시도

baton
지휘봉

conductor
지휘자

stage
무대

단어를 큰 소리로 읽으면서 줄에 맞추어 바르게 써 보세요.

① concert

[kánsə(:)rt]

concert

② orchestra

[ɔ́:rkəstrə]

orchestra

① 음악회 ② 오케스트라

③ baton

[bətán]

baton

④ tuxedo

[tʌksíːdou]

tuxedo

⑤ conductor

[kəndʌ́ktər]

conductor

⑥ stage

[steidʒ]

stage

문장을 읽고 단어를 따라 써 보세요.

사람들이 콘서트를 보고 있다.

The people are watching a concert.

그녀가 무대 위에 모습을 드러내었다.

She appeared on the stage.

③ 지휘봉 ④ 턱시도 ⑤ 지휘자 ⑥ 무대

Unit 12

단어를 큰 소리로 읽으면서 줄에 맞추어 바르게 써 보세요.

① piano

[piǽnou]

② harp

[hɑːrp]

①피아노 ②하프

③ flute

[flu:t]

④ violin

[vàiəlín]

⑤ trumpet

[trʌ́mpit]

⑥ drum

[drʌm]

⑦ organ

[ɔ́:rgən]

⑧ harmonica

[hɑ:rmɑ́nikə]

③ 플루트 ④ 바이올린 ⑤ 트럼펫 ⑥ 드럼 ⑦ 오르간 ⑧ 하모니카

⑨ **guitar**

[gitá:r]

guitar

⑩ **xylophone**

[záiləfòun]

xylophone

문장을 읽고 단어를 따라 써 보세요.

피아노를 칠 줄 아니?

Can you play the piano?

그는 바이올린을 매우 잘 켠다.

He plays the violin very well.

나는 기타를 칠 수 있다.

I can play the guitar.

⑨ 기타 ⑩ 실로폰

start
출발

cheer
응원

운동회 Athletic Meeting

pistol
권총

goal
결승선

race
달리기

flag
깃발

단어를 큰 소리로 읽으면서 줄에 맞추어 바르게 써 보세요.

① athletic meeting

[æθlétik míːtiŋ]

② start

[stɑːrt]

①운동회 ②출발

③ pistol

[pístl]

pistol

④ race

[reis]

race

⑤ cheer

[tʃiər]

cheer

⑥ flag

[flæg]

flag

⑦ tape

[teip]

tape

⑧ goal

[goul]

goal

③ 권총 ④ 달리기 ⑤ 응원 ⑥ 깃발 ⑦ 테이프 ⑧ 결승선

Unit 14

PART 2
1년에 일어나는 일

단어를 큰 소리로 읽으면서 줄에 맞추어 바르게 써 보세요.

① winter

[wíntəːr]

② Christmas

[krísməs]

① 겨울 ② 크리스마스

③ **candle**

[kǽndl]

candle

④ **present**

[prézənt]

present

⑤ **Christmas tree**

[krísməs triː]

Christmas tree

문장을 읽고 단어를 따라 써 보세요.

올 겨울은 꽤 춥다.

It is very cold this winter.

즐거운 성탄절 되세요!

Merry Christmas!

아버지는 나에게 크리스마스 선물을 주셨다.

Father gave me a Christmas present.

③ 촛불 ④ 선물 ⑤ 크리스마스 트리

Unit 15

card
카드

decoration
장식

파티
Party

cake
케이크

단어를 큰 소리로 읽으면서 줄에 맞추어 바르게 써 보세요.

① party

[pá:rti]

party

② decoration

[dèkəréiʃən]

decoration

① 파티 ② 장식

③ **card**

[kaːrd]

card

④ **cake**

[keik]

cake

문장을 읽고 단어를 따라 써 보세요.

나는 그의 생일 파티에 갈 것이다.

I'll go to his birthday party.

케이크를 통째로 다 먹고 싶다.

I want to eat a whole cake.

나는 그에게 생일카드를 보냈다.

I sent a birthday card to him.

③ 카드 ④ 케이크

stove
난로

sled
썰매

산타클로스
Santa Claus

Santa Claus
산타클로스

dream
꿈

chimney
굴뚝

단어를 큰 소리로 읽으면서 줄에 맞추어 바르게 써 보세요.

① stove

[stouv]

stove

② dream

[dri:m]

dream

①난로 ②꿈

③ Santa Claus

[sǽntə-klɔ̀:z]

Santa Claus

④ sled

[sled]

sled

⑤ reindeer

[réindìə:r]

reindeer

⑥ chimney

[tʃímni]

chimney

문장을 읽고 단어를 따라 써 보세요.

난로에서 연기가 난다.

The stove is smoking.

그는 꿈에서 깨었다.

He awoke from a dream.

③ 산타 클로스 ④ 썰매 ⑤ 순록 ⑥ 굴뚝

Unit 17

설
New Year

seesaw
널뛰기

top
팽이

stick-tossing games
자치기

wrestling
씨름

playing yut
윷놀이

단어를 큰 소리로 읽으면서 줄에 맞추어 바르게 써 보세요.

① new year
[njuː jiəːr]

② seesaw
[síːsɔ̀ː]

① 설날 ② 널뛰기

③ playing yut

[pleiiŋ ut]

playing yut

④ top

[tɑp]

top

⑤ kite

[kait]

kite

⑥ stick-tossing games

[stik tɔːsiŋ geimz]

stick-tossing games

⑦ wrestling

[résliŋ]

wrestling

③윷놀이 ④팽이 ⑤연 ⑥자치기 ⑦씨름

Unit 18

달력 Calendar

calendar
달력

holiday
휴일

weekday
평일

week
주

단어를 큰 소리로 읽으면서 줄에 맞추어 바르게 써 보세요.

① calendar
[kǽləndər]

calendar

② holiday
[hálədèi]

holiday

①달력 ②휴일

③ weekday

[wí:kdèi]

weekday

④ week

[wi:k]

week

⑤ Sunday

[sʌ́ndei]

Sunday

⑥ Monday

[mʌ́ndei]

Monday

⑦ Tuesday

[tjú:zdei]

Tuesday

⑧ Wednesday

[wénzdèi]

Wednesday

③ 평일 ④ 주 ⑤ 일요일 ⑥ 월요일 ⑦ 화요일 ⑧ 수요일

⑨ Thursday

[θə́ːrzdei]

Thursday

⑩ Friday

[fráidei]

Friday

⑪ Saturday

[sǽtəːrdèi]

Saturday

문장을 읽고 단어를 따라 써 보세요.

달력이 벽에 걸려 있다.

A calendar is hanging on the wall.

일주일의 마지막 날은 무슨 요일입니까?

What is the last day of a week?

그들은 일요일에 교회에 간다.

They go to church on Sunday.

⑨ 목요일 ⑩ 금요일 ⑪ 토요일

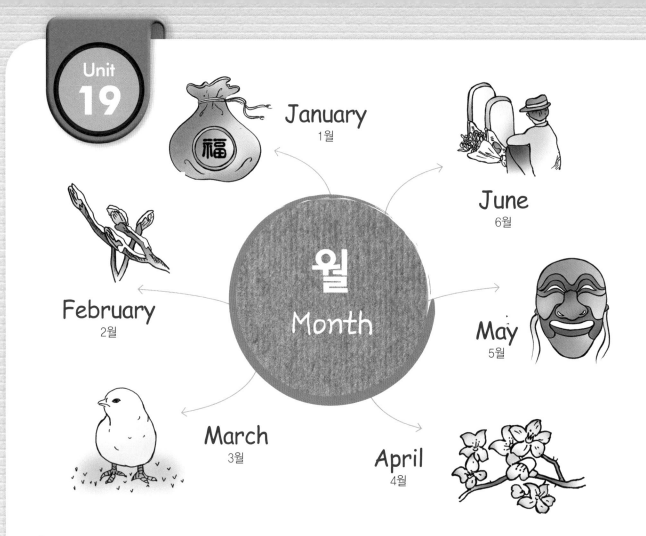

Unit 19

월 Month

January
1월

June
6월

February
2월

May
5월

March
3월

April
4월

단어를 큰 소리로 읽으면서 줄에 맞추어 바르게 써 보세요.

① January

[dʒǽnjuèri]

January

② February

[fébruèri]

February

①1월 ②2월

③ March

[mɑːrtʃ]

March

④ April

[éiprəl]

April

⑤ May

[mei]

May

⑥ June

[dʒuːn]

June

⑦ July

[dʒuːlái]

July

⑧ August

[ɔ́ːgəst]

August

③3월 ④4월 ⑤5월 ⑥6월 ⑦7월 ⑧8월

⑨ September

[səptémbər]

September

⑩ October

[aktóubər]

October

⑪ November

[nouvémbəːr]

November

⑫ December

[disémbər]

December

문장을 읽고 단어를 따라 써 보세요.

나는 한 달 동안 그의 집에 손님으로 있었다.

I was his guest for a month.

1월은 1년의 첫 번째 달이다.

January is the first month of the year.

⑨ 9월 ⑩ 10월 ⑪ 11월 ⑫ 12월

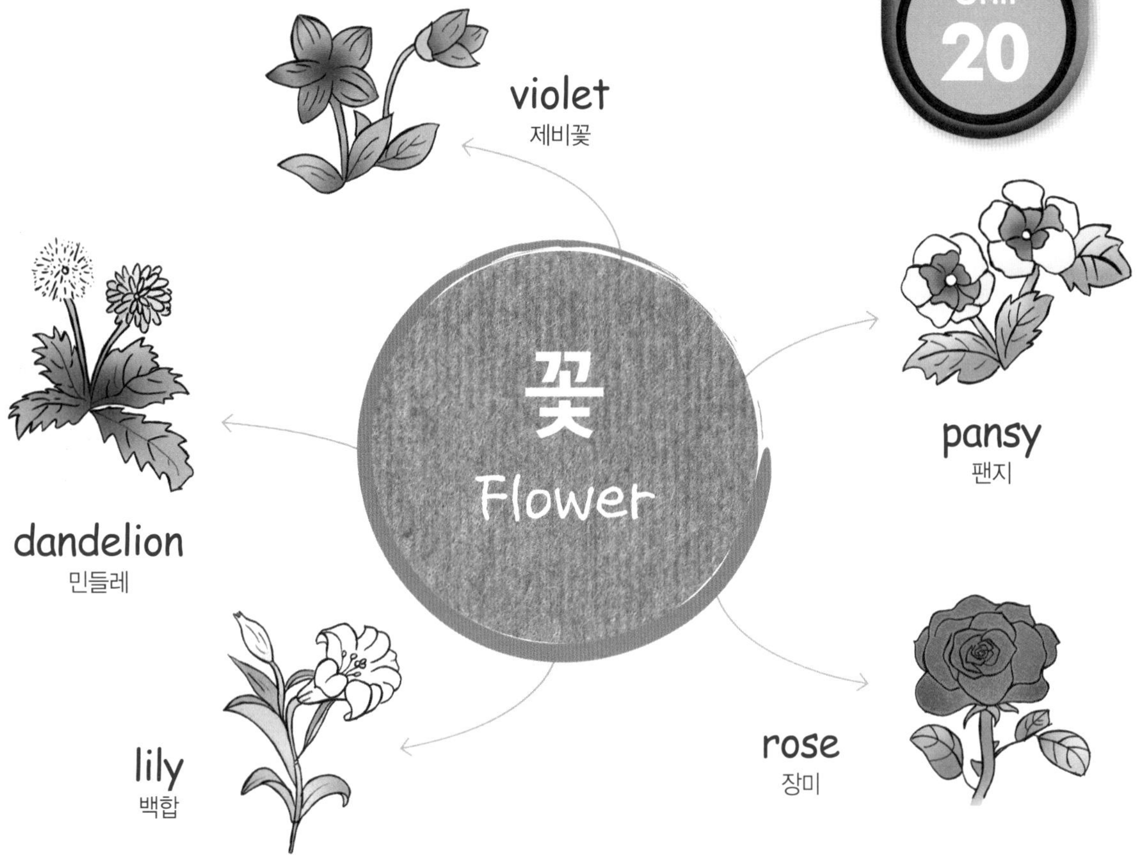

꽃 Flower

violet
제비꽃

pansy
팬지

dandelion
민들레

lily
백합

rose
장미

단어를 큰 소리로 읽으면서 줄에 맞추어 바르게 써 보세요.

① flower
[fláuər]
flower

② violet
[váiəlit]
violet

①꽃 ②제비꽃

③ dandelion

[dǽndəlàiən]

dandelion

④ daffodil

[dǽfədìl]

daffodil

⑤ tulip

[tjúːlip]

tulip

⑥ pansy

[pǽnzi]

pansy

⑦ sunflower

[sʌ́nflàuər]

sunflower

⑧ rose

[rouz]

rose

③ 민들레 ④ 수선화 ⑤ 튤립 ⑥ 팬지 ⑦ 해바라기 ⑧ 장미

⑨ lily

[líli]

lily

⑩ cosmos

[kázməs]

cosmos

문장을 읽고 단어를 따라 써 보세요.

장미는 꽃이다.

A rose is a flower.

튤립은 아름다운 꽃이다.

The tulip is a beautiful flower.

그녀는 나에게 백합꽃을 주었다.

She gave me a lily.

⑨ 백합 ⑩ 코스모스

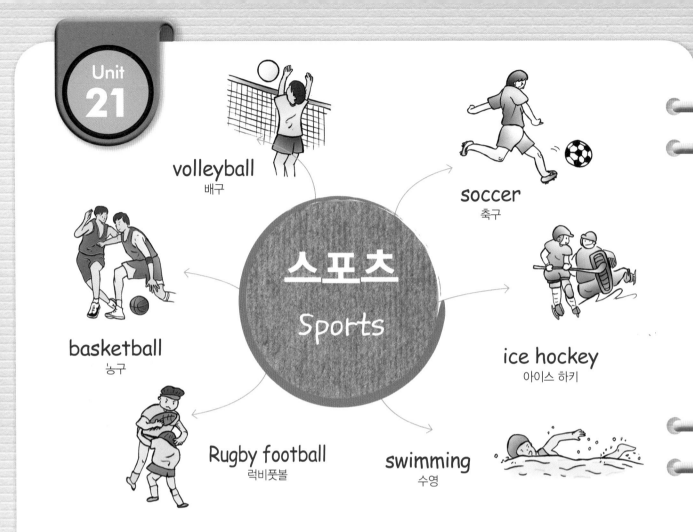

Unit 21

스포츠
Sports

volleyball
배구

soccer
축구

basketball
농구

ice hockey
아이스 하키

Rugby football
럭비풋볼

swimming
수영

단어를 큰 소리로 읽으면서 줄에 맞추어 바르게 써 보세요.

① sports
[spɔːrts]
sports

② volleyball
[válibɔ̀ːl]
volleyball

①스포츠 ②배구

③ table tennis

[téibəl ténis]

table tennis

④ tennis

[ténis]

tennis

⑤ basketball

[bǽskitbɔ̀:l]

basketball

⑥ badminton

[bǽdmintən]

badminton

⑦ wrestling

[résliŋ]

wrestling

⑧ swimming

[swímiŋ]

swimming

③ 탁구 ④ 테니스 ⑤ 농구 ⑥ 배드민턴 ⑦ 레슬링 ⑧ 수영

⑨ climbing

[kláimiŋ]

climbing

⑩ golf

[gɑlf]

golf

⑪ archery

[á:rtʃəri]

archery

⑫ boxing

[báksiŋ]

boxing

⑬ soccer

[sákə:r]

soccer

⑭ Rugby football

[rʌ́gbi fútbɔ̀:l]

Rugby football

⑨등산 ⑩골프 ⑪양궁 ⑫권투 ⑬축구 ⑭럭비풋볼

⑮ skating

[skéitiŋ]

skating

⑯ American football

[əmérikən fútbɔ̀:l]

American football

⑰ marathon

[mǽrəθɑ̀n]

marathon

⑱ ice hockey

[ais hɑ́ki]

ice hockey

⑲ skiing

[skí:iŋ]

skiing

⑳ fishing

[fíʃiŋ]

fishing

PART 2

1년에 일어나는 일

⑮ 스케이트 ⑯ 미식축구 ⑰ 마라톤 ⑱ 아이스 하키 ⑲ 스키 ⑳ 낚시

Unit 22

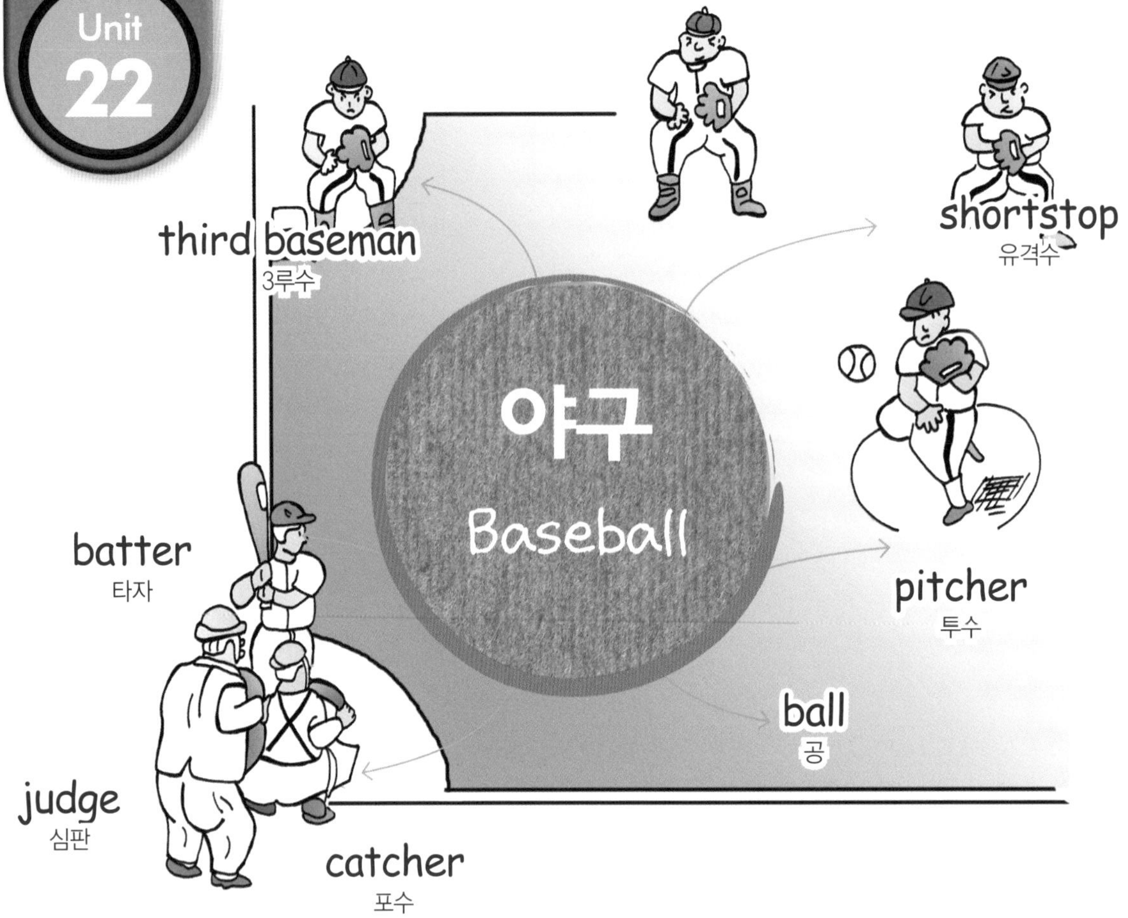

야구 Baseball

third baseman
3루수

shortstop
유격수

pitcher
투수

batter
타자

ball
공

judge
심판

catcher
포수

단어를 큰 소리로 읽으면서 줄에 맞추어 바르게 써 보세요.

① baseball

[béisbɔ̀:l]

baseball

② left fielder

[left fí:ldər]

left fielder

①야구 ②좌익수

③ shortstop

[ʃɔːrtstɑp]

shortstop

④ third baseman

[θəːrd béismən]

third baseman

⑤ ball

[bɔːl]

ball

⑥ pitcher

[pítʃər]

pitcher

⑦ batter

[bǽtər]

batter

⑧ catcher

[kǽtʃər]

catcher

③유격수 ④3루수 ⑤공 ⑥투수 ⑦타자 ⑧포수

⑨ judge

[dʒʌdʒ]

judge

⑩ spectator

[spékteitəːr]

spectator

⑪ center fielder

[séntər fíːldər]

center fielder

⑫ second baseman

[sék-ənd béismən]

second baseman

⑬ runner

[rʌ́nəːr]

runner

⑭ right fielder

[rait fíːldər]

right fielder

⑨ 심판 ⑩ 관중 ⑪ 중견수 ⑫ 2루수 ⑬ 주자 ⑭ 우익수

⑮ first baseman

[fəːrst béismən]

문장을 읽고 단어를 따라 써 보세요.

우리는 함께 야구를 했다.

We played baseball together.

나에게 그 공을 던져라.

Throw the ball to me.

그는 공정한 심판이다.

He is a just judge.

⑮ 1루수

확인해 볼까요!

1 다음 각 영어 단어의 뜻을 우리말로 써 보세요.

❶ spring ______________ ❷ cheek ______________

❸ mountain ______________ ❹ insect ______________

❺ present ______________ ❻ Saturday ______________

2 다음 우리말 뜻에 해당하는 영어 단어를 써 보세요.

❶ 입 ______________ ❷ 나비 ______________

❸ 2월 ______________ ❹ 꽃 ______________

❺ 농구 ______________ ❻ 관중 ______________

3 그림을 보고 알파벳 순서를 바꾸어 알맞은 단어를 만들어 보세요.

❶ eigrfn ➡ f______________

❷ mareac ➡ c______________

❸ alhwe ➡ w______________

❹ afglnroyd ➡ d______________

❺ mlnibgic ➡ c______________

❻ gihifns ➡ f______________

1 1.봄 2.볼 3.산 4.곤충 5.선물 6.토요일 2 1.mouth 2.butterfly 3.February 4.flower 5.basketball 6.spectator 3 1.finger 2.camera 3.whale 4.dragonfly 5.climbing 6.fishing

Part 3

우리 주변

Unit 01

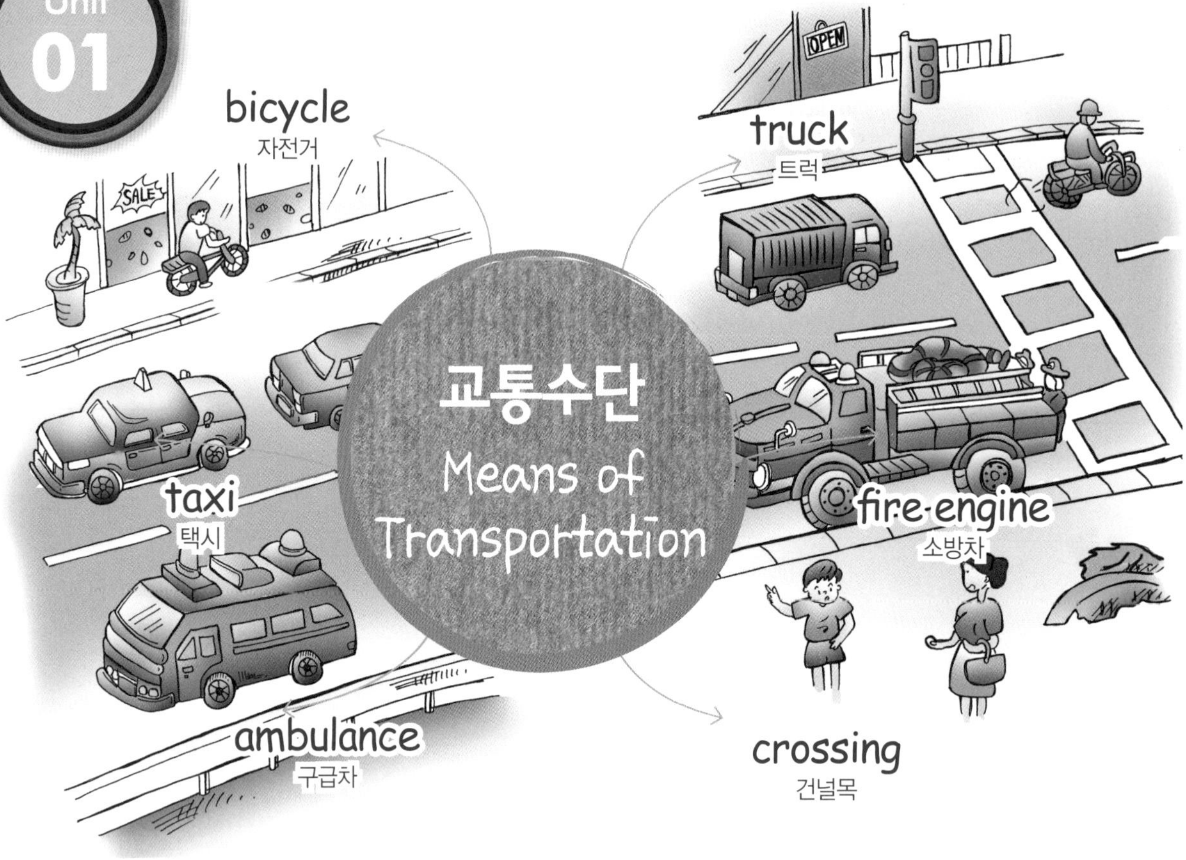

교통수단
Means of Transportation

bicycle
자전거

truck
트럭

taxi
택시

fire engine
소방차

ambulance
구급차

crossing
건널목

① city

[síti]

② bicycle

[báisikəl]

① 도시 ② 자전거

③ car

[kaːr]

car

④ road

[roud]

road

⑤ taxi

[tǽksi]

taxi

⑥ ambulance

[ǽmbjuləns]

ambulance

⑦ traffic signal

[trǽfik sígnəl]

traffic signal

⑧ motorcycle

[móutəːrsàikl]

motorcycle

③ 자동차 ④ 길 ⑤ 택시 ⑥ 구급차 ⑦ 신호등 ⑧ 오토바이

⑨ crossing

[krɔ́:siŋ]

crossing

⑩ truck

[trʌk]

truck

⑪ fire engine

[faiər éndʒən]

fire engine

⑫ sidewalk

[sáidwɔ̀:k]

sidewalk

⑬ monorail

[mánərèil]

monorail

⑭ train

[trein]

train

⑨ 횡단보도 ⑩ 트럭 ⑪ 소방차 ⑫ 인도 ⑬ 모노레일 ⑭ 열차

⑮ 
subway

[sʌ́bwèi]

⑯ 
ropeway

[róupwèi]

⑰ cable car

[kéibəl kɑːr]

⑱ 
bus

[bʌs]

⑲ 
spaceship

[spéisʃip]

⑳ helicopter

[hélikɑ̀ptər]

PART 3 우리 주변

⑮ 지하철 ⑯ 로프웨이 ⑰ 케이블카 ⑱ 버스 ⑲ 우주선 ⑳ 헬리콥터

㉑ airplane

[έərplèin]

airplane

㉒ airport

[έərpɔ̀ːrt]

airport

㉓ harbor

[háːrbər]

harbor

㉔ ship

[ʃip]

ship

㉕ yacht

[jɑt]

yacht

㉖ boat

[bout]

boat

㉑ 비행기 ㉒ 공항 ㉓ 항구 ㉔ 배 ㉕ 요트 ㉖ 보트

동물원
zoo

crocodile
악어

elephant
코끼리

parrot
앵무새

giant panda
자이언트 판다

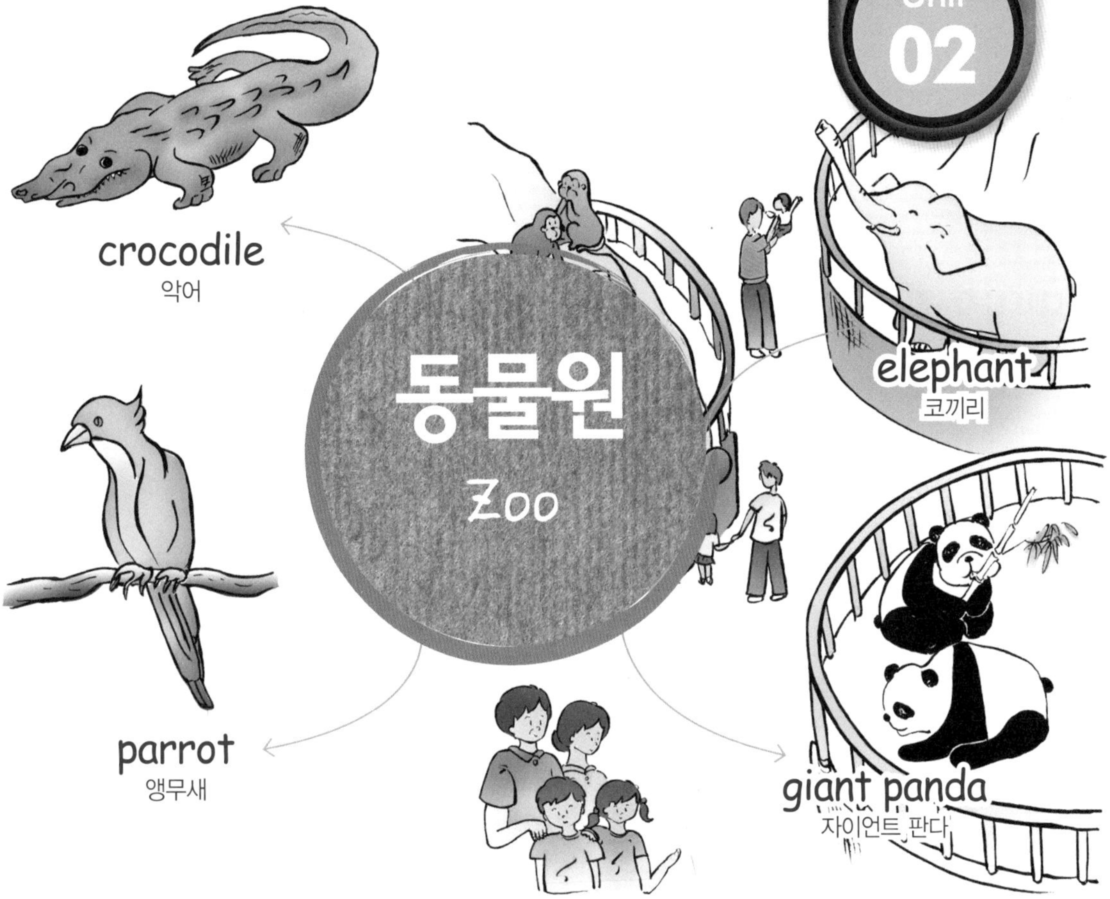

단어를 큰 소리로 읽으면서 줄에 맞추어 바르게 써 보세요.

① zoo
[zuː]

② monkey
[mʌ́ŋki]

①동물원 ②원숭이

③ elephant

[éləfənt]

elephant

④ giant panda

[ʤáiənt pǽndə]

giant panda

⑤ giraffe

[ʤəræ̃f]

giraffe

⑥ horse

[hɔːrs]

horse

⑦ bear

[bɛər]

bear

⑧ tiger

[táigəːr]

tiger

③ 코끼리 ④ 자이언트 판다 ⑤ 기린 ⑥ 말 ⑦ 곰 ⑧ 호랑이

⑨ lion

[láiən]

lion

⑩ animal

[ǽnəməl]

animal

⑪ fox

[fɑks]

fox

⑫ sheep

[ʃiːp]

sheep

⑬ wolf

[wulf]

wolf

⑭ deer

[diər]

deer

PART 3 우리 주변

⑨ 사자 ⑩ 동물 ⑪ 여우 ⑫ 양 ⑬ 늑대 ⑭ 사슴

⑮ snake

[sneik]

snake

⑯ shark

[ʃɑːrk]

shark

⑰ crocodile

[krákədàil]

crocodile

⑱ hippopotamus

[hìpəpátəməs]

hippopotamus

⑲ dolphin

[dálfin]

dolphin

⑳ bird

[bəːrd]

bird

⑮ 뱀 ⑯ 상어 ⑰ 악어 ⑱ 하마 ⑲ 돌고래 ⑳ 새

㉑ owl

[aul]

owl

㉒ duck

[dʌk]

duck

㉓ parrot

[pǽrət]

parrot

㉔ swallow

[swálou]

swallow

㉕ swan

[swɑn]

swan

㉖ crow

[krou]

crow

㉑ 올빼미 ㉒ 오리 ㉓ 앵무새 ㉔ 제비 ㉕ 백조 ㉖ 까마귀

㉗ pigeon

[pídʒən]

pigeon

㉘ sparrow

[spǽrou]

sparrow

㉙ peacock

[píːkɑ̀k]

peacock

㉚ lark

[lɑːrk]

lark

㉛ penguin

[péŋgwin]

penguin

㉗ 비둘기 ㉘ 참새 ㉙ 공작 ㉚ 종달새 ㉛ 펭귄

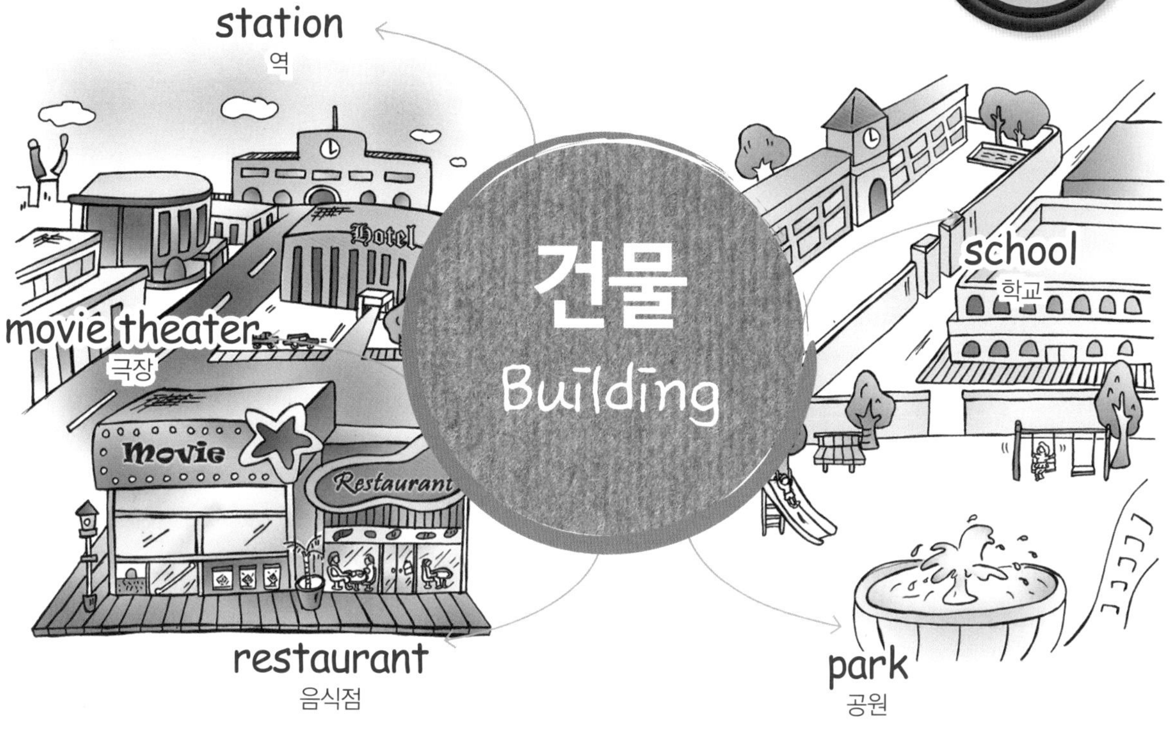

단어를 큰 소리로 읽으면서 줄에 맞추어 바르게 써 보세요.

① building

[bíldiŋ]

② bank

[bæŋk]

①건물 ②은행

③ station

[stéiʃən]

station

④ hotel

[houtél]

hotel

⑤ movie theater

[múːvi θí(ː)ətəːr]

movie theater

⑥ restaurant

[réstərənt]

restaurant

⑦ school

[skuːl]

school

⑧ library

[láibrèri]

library

③ 역 ④ 호텔 ⑤ 극장 ⑥ 음식점 ⑦ 학교 ⑧ 도서관

⑨ park

[pɑːrk]

⑩ slide

[slaid]

⑪ swing

[swiŋ]

⑫ fountain

[fáuntin]

⑬ tower

[táuəːr]

⑭ broadcasting station

[brɔ́ːdkæ̀stiŋ stéiʃən]

⑨ 공원 ⑩ 미끄럼틀 ⑪ 그네 ⑫ 분수 ⑬ 타워 ⑭ 방송국

⑮ police station

[pəlíːs stéiʃən]

police station

⑯ theater

[θí(ː)ətəːr]

theater

⑰ church

[tʃəːrtʃ]

church

⑱ factory

[fǽktəri]

factory

⑲ public office

[pʌ́blik ɔ́(ː)fis]

public office

⑳ museum

[mjuːzíːəm]

museum

⑮ 경찰서 ⑯ 극장 ⑰ 교회 ⑱ 공장 ⑲ 관공서 ⑳ 박물관

㉑ hospital

[háspitl]

hospital

㉒ post office

[poust ɔ́(:)fis]

post office

㉓ temple

[témpəl]

temple

㉔ company

[kʌ́mpəni]

company

㉕ pharmacy

[fáːrməsi]

pharmacy

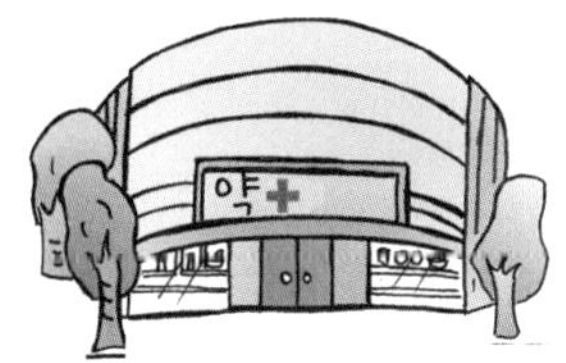

㉖ apartment house

[əpáːrtmənt haus]

apartment house

㉑ 병원 ㉒ 우체국 ㉓ 절 ㉔ 회사 ㉕ 약국 ㉖ 아파트

㉗ elevator

[éləvèitər]

㉘ escalator

[éskəlèitər]

㉙ department store

[dipá:rtmənt stɔ:r]

문장을 읽고 단어를 따라 써 보세요.

저 건물은 유명한 호텔이다.

That building is a famous hotel.

엄마는 나를 데리고 병원에 갔다.

Mom took me to the hospital.

이 근처에 영화관이 있습니까?

Is there a movie theater around here?

㉗ 엘리베이터 ㉘ 에스컬레이터 ㉙ 백화점

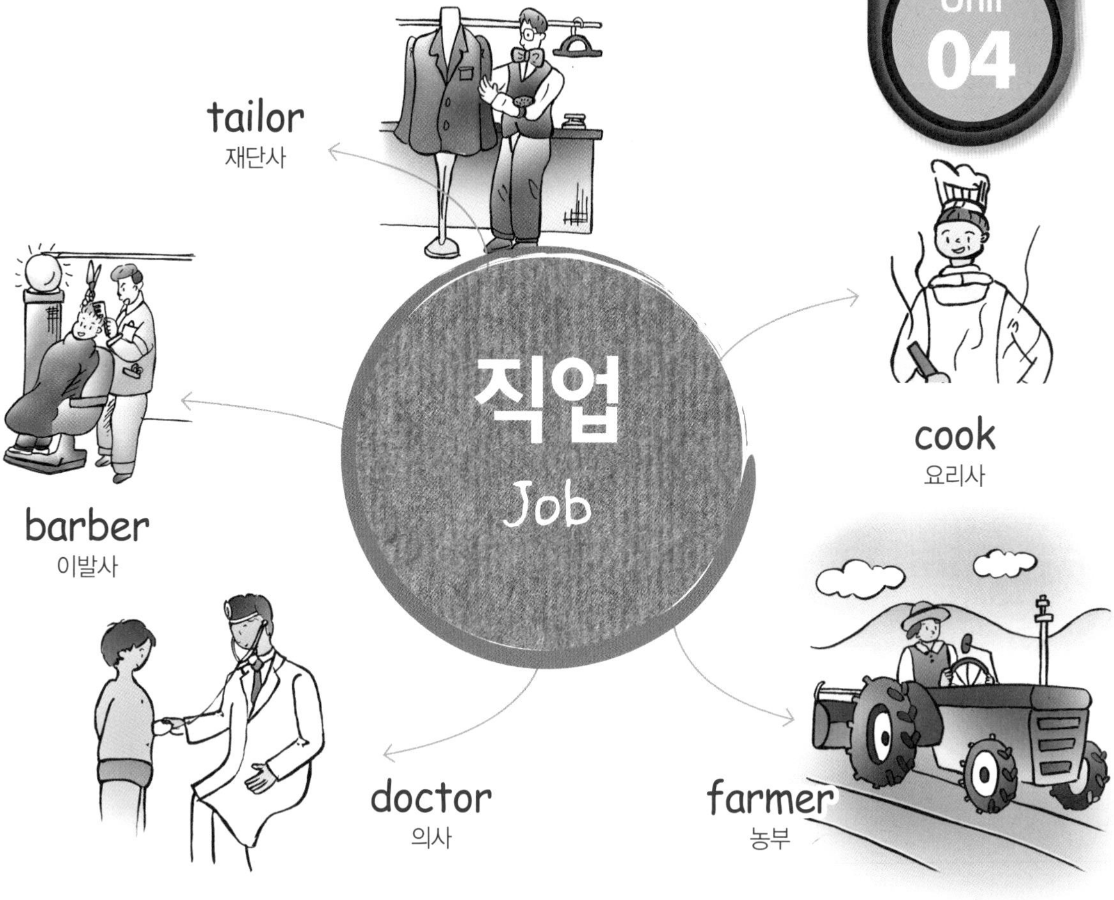

직업
Job

tailor
재단사

barber
이발사

cook
요리사

doctor
의사

farmer
농부

단어를 큰 소리로 읽으면서 줄에 맞추어 바르게 써 보세요.

① tailor

[téiləːr]

tailor

② barber

[báːrbər]

barber

① 재단사 ② 이발사

③ **driver**

[dráivər]

driver

④ **postman**

[póustmən]

postman

⑤ **waitress**

[wéitris]

waitress

⑥ **waiter**

[wéitəːr]

waiter

⑦ **cook**

[kuk]

cook

⑧ **policeman**

[pəlíːsmən]

policeman

③ 운전사 ④ 우체부 ⑤ 웨이트리스 ⑥ 웨이터 ⑦ 요리사 ⑧ 경찰

⑨ **hairdresser**

[hɛərdrèsər]

hairdresser

⑩ **fireman**

[fàiərmən]

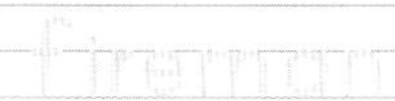

fireman

⑪ **engineer**

[èndʒəníər]

engineer

⑫ **carpenter**

[káːrpəntər]

carpenter

⑬ **doctor**

[dáktər]

doctor

⑭ **nurse**

[nəːrs]

nurse

PART 3 우리 주변

⑨ 미용사 ⑩ 소방관 ⑪ 기술자 ⑫ 목수 ⑬ 의사 ⑭ 간호원

⑮ farmer

[fá:rmər]

farmer

⑯ fisherman

[fíʃərmən]

fisherman

⑰ pilot

[páilət]

pilot

⑱ flight attendant

[flait əténdənt]

flight attendant

문장을 읽고 단어를 따라 써 보세요.

경찰들은 제복을 입는다.

Policeman wear uniform.

나는 아플 때 의사에게 진찰을 받는다.

When I am sick, I see a doctor.

⑮ 농부 ⑯ 어부 ⑰ 조종사 ⑱ 승무원

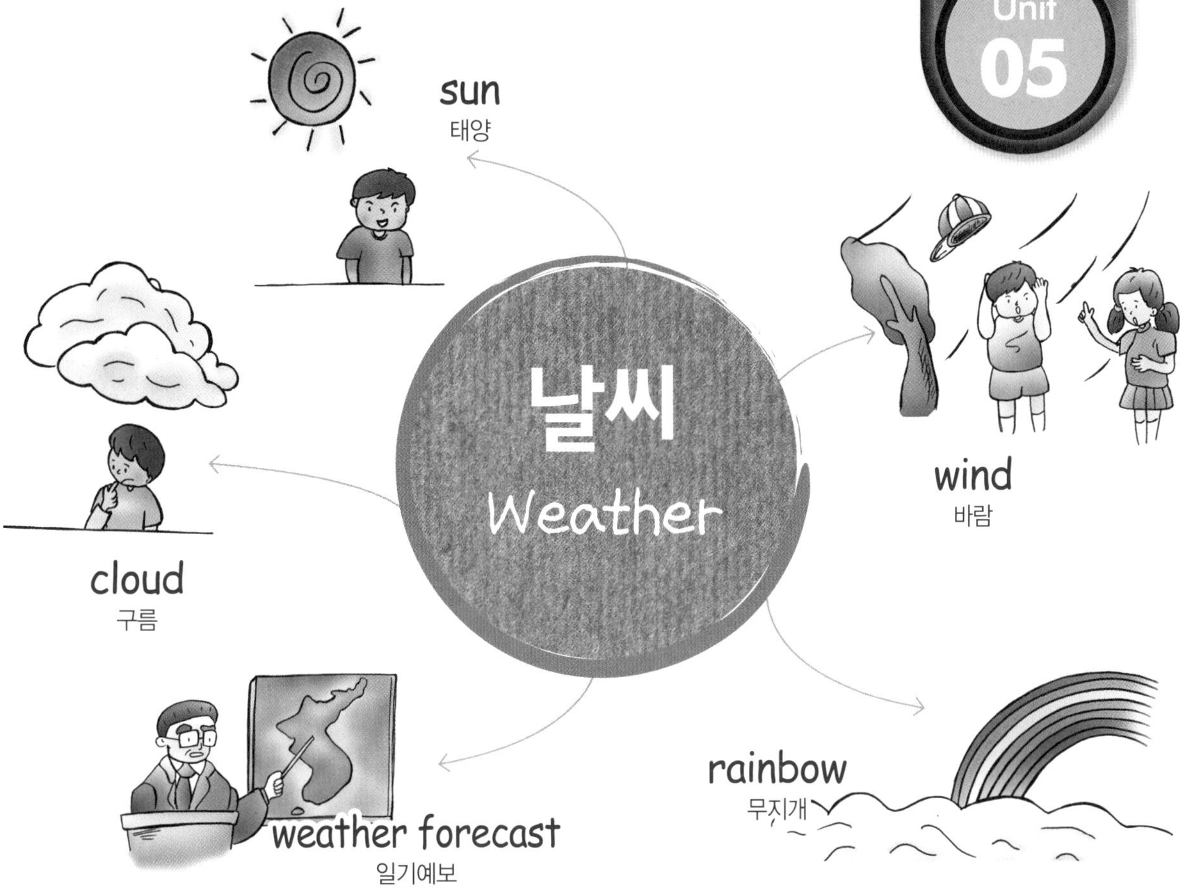

Unit 05

날씨 Weather

sun
태양

wind
바람

cloud
구름

rainbow
무지개

weather forecast
일기예보

단어를 큰 소리로 읽으면서 줄에 맞추어 바르게 써 보세요.

① weather

[wéðəːr]

weather

② sun

[sʌn]

sun

①날씨 ②태양

③ cloud

[klaud]

cloud

④ snow

[snou]

snow

⑤ rainbow

[réinbòu]

rainbow

⑥ thunder

[θʌ́ndəːr]

thunder

⑦ rain

[rein]

rain

⑧ umbrella

[ʌmbrélə]

umbrella

③구름 ④눈 ⑤무지개 ⑥천둥 ⑦비 ⑧우산

⑨ rain coat

[réin kòut]

rain coat

⑩ rain boots

[réin bù:ts]

rain boots

⑪ weather forecast

[wéðə:r fɔ́:rkæ̀st]

weather forecast

⑫ north

[nɔ:rθ]

north

⑬ west

[west]

west

⑭ east

[i:st]

east

⑨ 비옷 ⑩ 장화 ⑪ 일기예보 ⑫ 북쪽 ⑬ 서쪽 ⑭ 동쪽

⑮ south

[sauθ]

south

⑯ wind

[wind]

wind

⑰ yesterday

[jéstəːrdèi]

yesterday

⑱ today

[tədéi]

today

⑲ typhoon

[taifúːn]

typhoon

⑳ tomorrow

[təmɔ́ːrou]

tomorrow

⑮ 남쪽 ⑯ 바람 ⑰ 어제 ⑱ 오늘 ⑲ 태풍 ⑳ 내일

확인해 볼까요!

1 다음 각 영어 단어의 뜻을 우리말로 써 보세요.

❶ crossing ______________ ❷ airport ______________

❸ hippopotamus ______________ ❹ lark ______________

❺ fountain ______________ ❻ weather forecast ______________

2 다음 우리말 뜻에 해당하는 영어 단어를 써 보세요.

❶ 신호등 ______________ ❷ 항구 ______________

❸ 기린 ______________ ❹ 제비 ______________

❺ 극장 ______________ ❻ 엘리베이터 ______________

3 그림에 해당하는 동물과 영어 단어를 연결해 보세요.

❶ 

❷ 

❸ 

❹ 

(a) crocodile (b) wolf (c) monkey (d) lion

PART 3 우리 주변

1 1.건널목 2.공항 3.하마 4.종달새 5.분수 6.일기예보 2 1.traffic signal 2.harbor 3.giraffe 4.swallow 5.movie theater 6.elevator 3 1.c 2.d 3.b 4.a

4 보기에서 우리말 뜻에 해당하는 영어 단어를 찾아 쓰세요.

city	monorail	helicopter	horse	snake	church
theater	tailor	carpenter	thunder	west	yesterday

❶ 재단사 ______ ❷ 뱀 ______ ❸ 극장 ______

❹ 도시 ______ ❺ 교회 ______ ❻ 서쪽 ______

5 그림을 보고 알파벳 순서를 바꾸어 알맞은 단어를 만들어 보세요.

❶ lieycbc ➡ b______

❷ hcisapeps ➡ s______

❸ oihnpld ➡ d______

❹ oakcecp ➡ p______

❺ hcrchu ➡ c______

❻ awbnior ➡ r______

6 우리말 뜻에 알맞게 빈칸을 채워 끝말잇기를 완성하세요.

❶ s______ ➡ y______ ➡ t______ ➡ r______

지하철 요트 타워 비

❷ w______ ➡ d______ ➡ r______ ➡ t______

바람 의사 음식점 택시

❸ u______ ➡ a______ ➡ l______ ➡ n______

우산 동물 사자 간호원

4 1.tailor 2.snake 3.movie theater 4.city 5.church 6.west 5 1.bicycle 2.spaceship 3.dolphin 4.peacock 5.church 6.rainbow
6 1.subway, yacht, tower, rani 2.wind, doctor, restaurant, taxi 3.umbrella, animal, lion, nurse

Part 4

동작과 상태

Unit 01

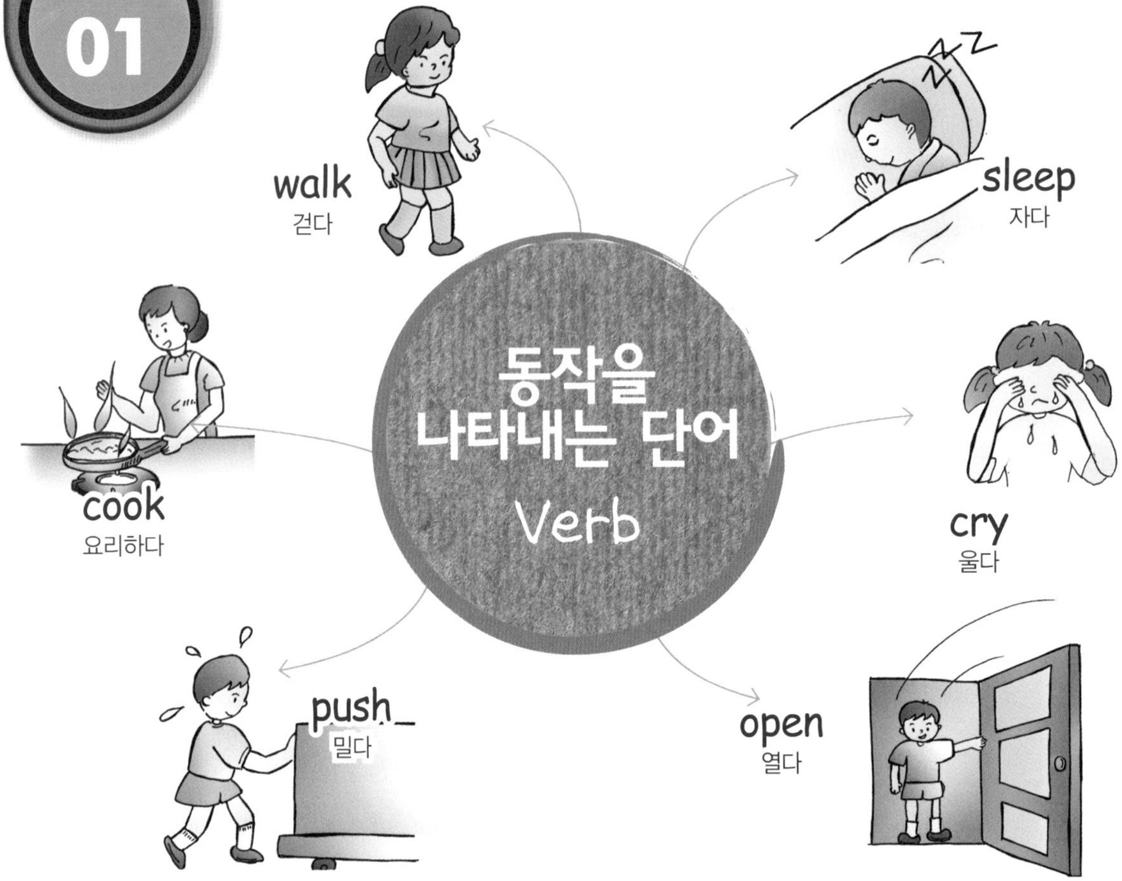

walk
걷다

sleep
자다

동작을 나타내는 단어 Verb

cook
요리하다

cry
울다

push
밀다

open
열다

단어를 큰 소리로 읽으면서 줄에 맞추어 바르게 써 보세요.

① walk

[wɔːk]

walk

② run

[rʌn]

run

① 걷다 ② 뛰다

③ jump

[dʒʌmp]

④ stop

[stɑp]

⑤ cook

[kuk]

⑥ eat

[iːt]

⑦ ride

[raid]

⑧ drink

[driŋk]

PART 4 동작과 상태

③ 뛰어오르다 ④ 멈추다 ⑤ 요리하다 ⑥ 먹다 ⑦ 타다 ⑧ 마시다

⑨ push

[puʃ]

push

⑩ pull

[pul]

pull

⑪ open

[óupən]

open

⑫ shut

[ʃʌt]

shut

⑬ read

[riːd]

read

⑭ study

[stʌ́di]

study

⑨ 밀다 ⑩ 당기다 ⑪ 열다 ⑫ 닫다 ⑬ 읽다 ⑭ 공부하다

⑮ write

[rait]

write

⑯ draw

[drɔː]

draw

⑰ smile

[smail]

smile

⑱ cry

[krai]

cry

⑲ laugh

[læf]

laugh

⑳ speak

[spiːk]

speak

PART 4 동작과 상태

⑮ 쓰다 ⑯ 그리다 ⑰ 미소짓다 ⑱ 울다 ⑲ 웃다 ⑳ 말하다

㉑ sleep

[sli:p]

sleep

㉒ get up

[get ʌp]

get up

㉓ listen

[lísən]

listen

㉔ cut

[kʌt]

cut

문장을 읽고 단어를 따라 써 보세요.

그는 그 담을 뛰어 넘었다.

He jumped over the fence.

아기들은 배가 고프면 운다.

Babies cry when they are hungry.

㉑ 자다 ㉒ 일어나다 ㉓ 듣다 ㉔ 자르다

Unit 02

상태를 나타내는 단어 Adjective

tall
키가 큰

fat
살찐

short
키가 작은

thin
날씬한

heavy
무거운

light
가벼운

단어를 큰 소리로 읽으면서 줄에 맞추어 바르게 써 보세요.

① tall

[tɔːl]

tall

② short

[ʃɔːrt]

short

① 키가 큰 ② 키가 작은

③ high

[hai]

high

④ low

[lou]

low

⑤ long

[lɔːŋ]

long

⑥ short

[ʃɔːrt]

short

⑦ big

[big]

big

⑧ small

[smɔːl]

small

③높은 ④낮은 ⑤긴 ⑥짧은 ⑦큰 ⑧작은

⑨ heavy

[hévi]

heavy

⑩ light

[lait]

light

⑪ young

[jʌŋ]

young

⑫ old

[ould]

old

⑬ fat

[fæt]

fat

⑭ thin

[θin]

thin

⑨ 무거운 ⑩ 가벼운 ⑪ 젊은 ⑫ 나이든 ⑬ 살찐 ⑭ 날씬한

⑮ hot

[hɑt]

hot

⑯ cold

[kould]

cold

⑰ clean

[kliːn]

clean

⑱ dirty

[dəːrti]

dirty

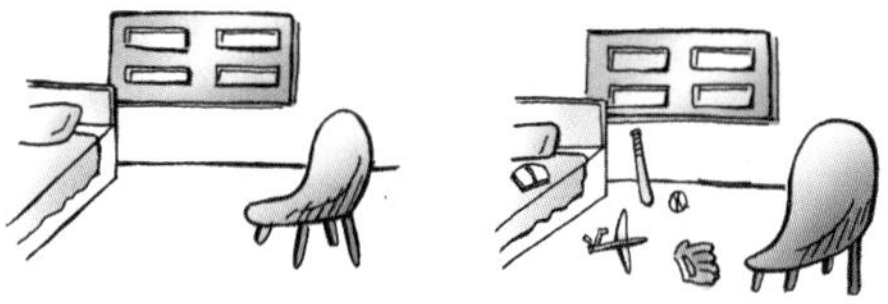

⑲ wet

[wet]

wet

⑳ dry

[drai]

dry

⑮ 더운 ⑯ 추운 ⑰ 깨끗한 ⑱ 더러운 ⑲ 젖은 ⑳ 마른

㉑ new

[nju:]

new

㉒ old

[ould]

old

문장을 읽고 단어를 따라 써 보세요.

그 담은 아주 높다.

The fence is very high.

오늘은 꽤 덥다.

It's pretty hot today.

수미의 방은 넓고 깨끗하다.

Su-mi's room is large and clean.

PART 4 동작과 상태

㉑ 새로운 ㉒ 낡은

확인해 볼까요!

1 다음 영어 단어의 뜻을 우리말로 써 보세요.

❶ walk ________________ ❷ eat ________________

❸ shut ________________ ❹ write ________________

❺ high ________________ ❻ wet ________________

2 다음 우리말 뜻에 해당하는 영어 단어를 써 보세요.

❶ 타다 ________________ ❷ 밀다 ________________

❸ 웃다 ________________ ❹ 무거운 ________________

❺ 추운 ________________ ❻ 더러운 ________________

3 그림을 보고 알파벳 순서를 바꾸어 알맞은 단어를 만들어 보세요.

❶  krndi ➡ d________________

❷  utyds ➡ s________________

❸  elpse ➡ s________________

❹  gtihl ➡ l________________

❺  ugony ➡ y________________

❻  enlac ➡ c________________

1 1.걷다 2.먹다 3.닫다 4.쓰다 5.높은 6.젖은 2 1.ride 2.push 3.laugh 4.heavy 5.cold 6.dirty 3 1.drink 2.study 3.sleep 4.light 5.young 6. clean

색인
INDEX